HOW TO WATCH FOOTBALL

# サッカーの見方は 1日で 変えられる

木崎伸也

東洋経済新報社

# はじめに

## サッカーの見方は1日で変えられる

たった一言で、サッカーの見方が変わる——。

そんな劇的な経験を筆者がしたのは、2004年6月、日本代表がイングランドのマンチェスターに遠征し、イングランド代表と親善試合をおこなったときだった。

このとき筆者はスポーツ誌『Number』の取材で、元日本代表の風間八宏《やひろ》氏といっしょに試合を観る機会に恵まれた。かつてドイツでプレーしたこともある風間さんが、日本代表を分析するという企画である。時間にしたら、前半と後半をあわせてたった90分。

これが筆者にとっては、生涯忘れることのできない〝授業〟になった。

風間さんが何気なく言うことが、恐ろしいほどに本質を突いていたのである。

たとえば、ピッチにいる小野伸二を指差して、風間さんは言った。

「おい、小野を見てみろ。相手がどこにいるかをちゃんと見ているから、50cm横に動くことで、相手のパスコースを消している。ボールをもった相手がいると、無理に追いかけてとりにいってしまう選手もいるが、小野はちょっとポジションを修正することで守備をしている。ああいう選手のことを、『サッカーをよくわかっている』というんだ」

もちろん長所を見抜く目があれば、いやというほど短所も目に飛び込んでくる。

今度は日本代表のチーム全体を見ながら、残念そうに言った。

「日本代表は、守備のスタートラインが決まっていない。だからチームがバラバラなんだ。ジーコ監督がスタートラインを決めてやれば、すぐに組織は改善されるのに」

守備のスタートライン？

はじめて耳にする言葉だったので、すぐには頭に入ってこなかった。

ところが、守備がどこから始まっているかをじっくりチェックすると、たしかに日本代表は守備に一貫性がなく、場当たり的なことがよくわかった。それゆえに、守備にまとまりがなく失点しやすい、ということも。

サッカーのことはプロにしかわからない、と思い込んでいる人も多いかもしれない。

だが、見るコツをつかみ、ツボを押さえれば、プロレベルの「サッカーを見る目」を身につけることは可能なのだ。

「守備のスタートライン」が何を意味するかは、第1章に詳しく触れるとして、とにかくここで強調したいのは、ちょっとしたポイントを意識するだけで、サッカーの見方が驚くほど変わるということだ。

この試合以来、取材でサッカーの選手や監督に会うたびに、「試合のどこを見れば、いいチームと悪いチームを見分けられますか?」という質問をぶつけ続けてきた。

２００８年の夏には、あるチームの依頼で自分がスカウトマン（＝偵察マン）になり、ビデオ片手に試合を分析して、スカウティングレポートを提出したこともあった。

ブラジルにW杯優勝をもたらした名将、レアル・マドリードを欧州王者に導いた名将、韓国をW杯ベスト4に躍進させたサッカー界の戦術家など、プロ中のプロに会って得た「本当のサッカーの見方」——。その中から最も本質をついているものを選りすぐり、サッカー経験者でなくとも理解できるようにまとめたのが本書である。

サッカーはよく「再現性のないスポーツ」と言われる。

野球であれば、「1アウト・ランナー2塁」「2アウト満塁」といった特定の場面を想定して、対策をあれこれ考えることができる。

それに対してサッカーは、特定の場面を想定することが非常に難しい。ピッチのどこに立っていてもいいし、どの方向に走ってもいい。11人＋11人の選手とボールがごちゃごちゃに入り乱れて、そのパターンはほぼ無限にあるからだ。

また、タイムがなく、時計が進み続けるのも特徴のひとつだ。

試合中は誰もが瞬時に判断して、次の行動を決めなければいけない。超能力者でないかぎりチームメイトが何を考えているかなんてわからないので、ゴール前の守備で2人がまったく同じ動きをしてしまう……ということがよくある。11人全員がチームとしてまとまるのは、本当に大変なことなのだ。

しかし、それでも元日本代表監督のイビチャ・オシムはこう言う。

「サッカーで同じ場面は二度と起こらない。だが、その中からパターンを見出し、練習で近い状況を再現して、体に覚え込ますことが大事なんだ」

ピッチの中から重要なパターンを見つけて、サッカーを言語化する。

それが本書のもうひとつのテーマでもある。

## 「ボールが縦方向に進んでいるか」をチェック

では手始めに、サッカーを見たことがない人でもすぐに使える方法を紹介しよう。

この見方を教えてくれたのは、関西学院高等部でサッカー部の監督を務める山根誠先生だ。

山根先生は日本サッカー協会が監督のA級ライセンス講座を始めたときの第一期生で、女子サッカー・なでしこリーグのTASAKIペルーレFCの監督を務めたこともある。これまでに元日本代表の奥大介（ジュビロ磐田、横浜F・マリノスで活躍）など、数人のJリーガーを育て上げた高校サッカー界の名監督のひとりだ。

山根先生のドイツ留学中に、いっしょにブンデスリーガの試合を観戦したときのことだ。生徒に教えるかのようにやさしい口調で、山根先生は言った。

「このチームはボールが横方向ばかりに動いて、なかなか前に進まない。一方、相手チームはボールがどんどん前に運ばれていく。相手のほうが、いいチームですね」

お気づきだろうか？

図1　ボールの動く方向をまずはチェック

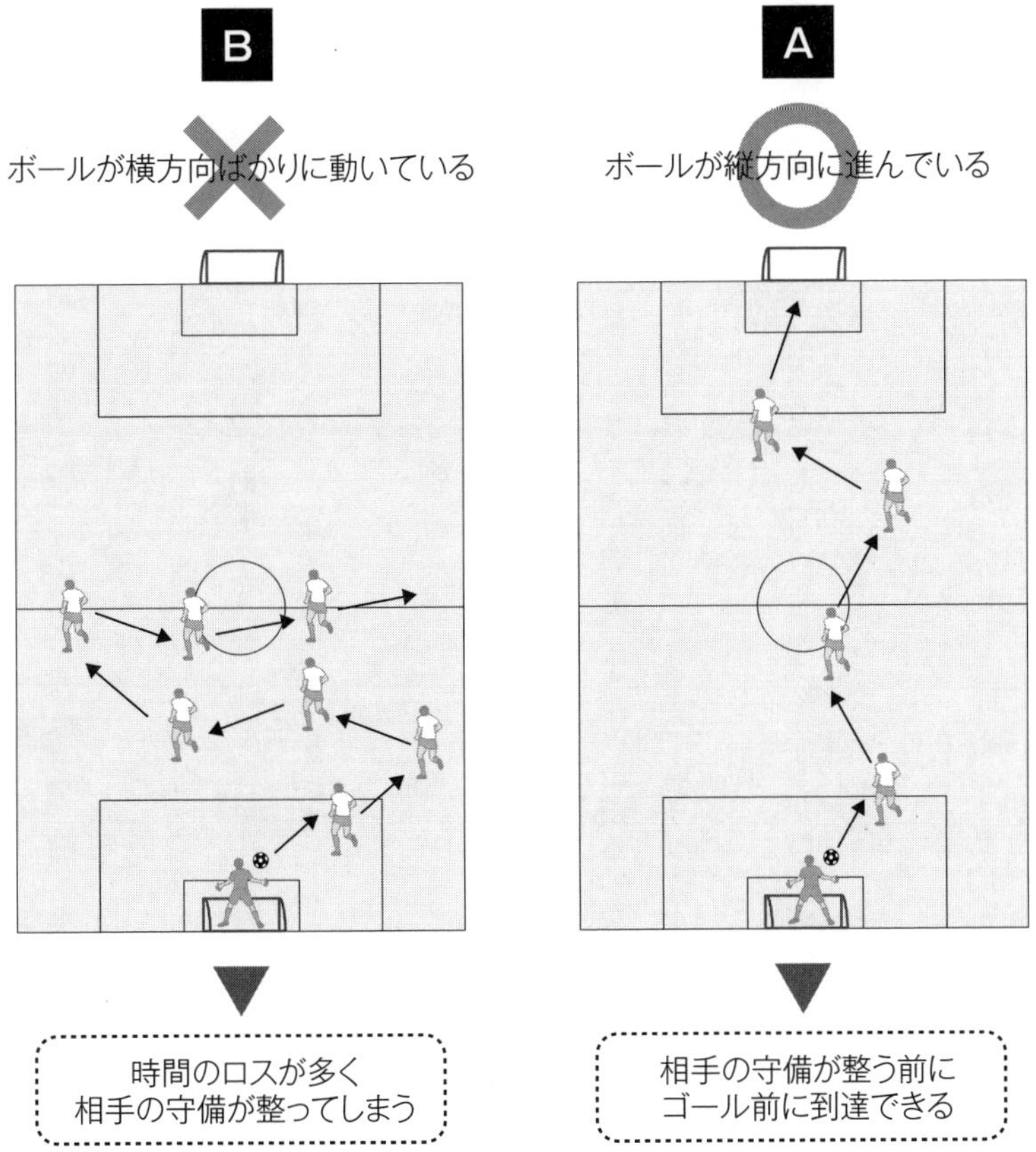
B
ボールが横方向ばかりに動いている
時間のロスが多く
相手の守備が整ってしまう
A
ボールが縦方向に進んでいる
相手の守備が整う前に
ゴール前に到達できる

この言葉の中に、いいチームを見分けるヒントが隠されている。

サッカーにおいて、基本的にパスの選択肢は3つしかない。「①前へ出すパス」「②横に出すパス」（横パス）「③後ろに出すパス」（バックパス）の3種類だ。

この中で一番大切なのは、言うまでもなく「①前へのパス」だ。

横パスやバックパスが多いと、その間に相手は守備の陣形を整える時間ができる。するとゴール前に〝城壁〟が築かれ、攻略は簡単ではなくなる。やはり一番効果的なのは、どんどん前にパスを出し、0・1秒でも速くゴール前に迫ることだ。

だからサッカー界には、こんな格言がある。

「パスの本数が多くなるほど、ゴールは遠ざかる」

もちろん駆け引きとしてゆっくりボールを回すことも大切なのだが、得点を狙うには、なるべく横パスやバックパスを減らし、素早く「前へ」パスを出してゴール前に迫るのが手っ取り早い。

前置きが長くなったが、「ボールが縦方向に進んでいるか」をチェックすると、チームの攻撃がうまくいっているかを測ることができる。

あえてピッチにいる選手を見ないようにして、ひたすらボールの軌道を追ってみよう。レベルの低いチームだと、すぐに相手にボールをとられて、軌道が途切れてしまう。だがレベルの高いチームだと、気持ちいいくらいに前方向に線が延びていく。

パスの軌道をたどるとき、ひとつ目安になるのが「10秒」という時間だ。

サッカー界では「10秒あれば、相手ゴールへ行ける」と言われている。ピッチの縦幅は約105m。パスピードが速ければ、十分、10秒で端から端まで到達できる。

だから、攻撃がスタートしてから10秒が経ち、まだ相手ゴール前に迫っていないようなら、「得点しやすい、おいしい時間」を逃したと思っていい。そこから得点を決めようと思ったら、ひと手間、ひと工夫が必要だ。

日本代表の試合で、選手たちが中盤でもたもたと横パスばかりつないでいたら……得点の可能性はガクンと落ちると覚えておこう。

## あいまいな表現を使うのをやめよう

ただし、このボールの軌道を追うやり方は、あくまでヒントのひとつであって、「なぜ前へパスを出せないのか?」や「なぜ相手にパスをつながれるのか?」といった理由までは残念ながら見えてこない。

それを見抜く力を養うために、本書では「チーム」「選手」「監督」という3つの視点を用意した。

**① チーム全体を見る目**
**② 選手一人ひとりを見る目**
**③ 采配によって試合に影響を及ぼす監督を見る目**

この3つのそれぞれの良し悪しを判断できれば、ピッチで起こるほとんどのことについて、自分なりの答えを導けるようになるはずだ。

まずは、いいチーム、悪いチームの見分け方について、【基本編】【中級編】【上級編】の3段階に分けて説明していこう。

本書ではポイントを厳選して、【基本編】で4つ、【中級編】で4つ、【上級編】で2つ、計10のポイントをあげた。この10のポイントを押さえれば、本当に大事なことはそれですべて網羅できる。

ここで本書を進めていくうえでの〝心構え〟を書いておこう。

サッカーは再現性のないスポーツだけに、「決定力」や「集中力」といったあいまいな表現がよく出てくる。しかし、そういう漠然とした言葉に頼ると、ある一定のレベルから見方を上達させることができなくなる。

なぜなら、「決定力がないからゴールが入らない」とか「集中力が欠けたから失点した」と言っても、何も説明していないに等しいからだ。わかったつもりになっていると、本当に大切な本質を見失ってしまう。

もちろんあいまいなサッカー用語をすべて排除するのは不可能だ。ときには記号的に使うことでわかりやすくなることもある。だが本書では、なるべく抽象的な言葉を使わず、具体的な表現に置き換えて説明することを心がけていきたい。

オランダの名将、フース・ヒディンクは言う。

「サッカーを理解するには、インテリジェンスが必要だ。しかし、誰でも適切なアドバイスを受ければ、サッカーを見る目を変えられる」

サッカーの見方は1日で変えられるか?

答えは、イエスだ。

サッカーの見方は1日で変えられる　目次



# 第1章

# いいチーム、悪いチームの見分け方【基本編】

## ――攻守の本質をつかむ4つのポイント

## 第2章

# いいチーム、悪いチームの見分け方【中級編】

## ──「攻守の切り替え」で見るべき4つのポイント



## 第3章

# いいチーム、悪いチームの見分け方【上級編】

## ──ゴールを決めるために大切な2つのポイント

## 第4章 いい選手、悪い選手の見分け方【FW・MF編】



## 第5章 いい選手、悪い選手の見分け方【DF・GK編】

# 第6章 いい監督、悪い監督の見分け方

## 第7章

# プロスカウトはどこを見ているか

第8章

# 現時点の最も高度なサッカーとは

装丁　上田宏志［ゼブラ］

# 第1章

## いいチーム、悪いチームの見分け方【基本編】

### ——攻守の本質をつかむ４つのポイント

## 「選手（11人）＋相手（11人）＋ボール」という23の点

アメリカのマイナーリーグにかかわる野球人を描いた名作映画『さよならゲーム』に、こんなフレーズが出てくる。

野球は簡単なゲームだ
ボールを投げ、捕り、打つ
時に勝ち、時に負ける
そして時には雨が降る

この言い回しをサッカーに当てはめれば、こうなるだろうか。

サッカーは簡単なゲームだ
ボールを蹴り、止め、シュートする
時に勝ち、時に負け、引き分ける
そして雨が降ってもピッチを走る

ただ、本当のことを言うと、サッカーは野球ほど視点を固定して見ることができない〝複雑〟なスポーツだ。

野球の場合、「投手＋打者＋ボール」だけを見ていれば、ほとんどのことを見逃さずにすむだろう。テレビの画面に映るのも、ほぼこの3者。もちろん野手の微妙な立ち居地の修正などディティールもたくさん存在するが、ビギナーにとっては投手と打者の「一騎打ち」だけで十分試合を楽しめる。

一方、サッカーの場合、「選手（11人）＋相手（11人）＋ボール」という最大で23の点を追わなければいけない。

ボールだけを見ていれば、ゴールが入ったことは子供でもわかる。ただ、それだけでは、なぜ入ったのかということまでは説明できないだろう。説明するためには、なぜシュートした選手はノーマークでパスを受けられたのか、そのとき相手はどこに立っていたか、といった過程もきちんと目で追っておく必要がある。

しかし、どこを見ていいかわからないほど複雑で、いろんな解釈ができるからこそ、サッカー観戦はおもしろいのだ。サッカーは芝生の上の「格闘技」であり、芝生の上の「チェス」でもある。誰かがドリブルを仕掛ければ野球のように「一騎打ち」を楽しめるし、誰かがオトリの動きをしてゴールが決まれば「組織プレー」も堪能できる。すなわち、より細かい見方のコツとツボを知れば、もっとサッカーの醍醐味を味わえるということだ。

冒頭の「はじめに」では、あえてボールだけを見ることにより、試合のざっくりとした流れを捉える観戦術を紹介した。本章ではさらに踏み込んで、チームとしての動きも捉えられる見方を紹介しよう。

ピッチの上をごちゃごちゃと動き回る「11＋11＋1」の点から、どうすれば本質を見抜けるのか。それが本章のテーマだ。

## 攻撃は「水」のように、守備は「氷」のように

仮にあなたが、あるチームの監督になったとしよう。おそらく、どうやって点をとるか、どうやって点を防ぐか、つまり、攻撃と守備のやり方を考えるはずだ。

では、攻撃・守備の良し悪しを判断するときに、それぞれ最も気にすべきポイントは何だろうか？

よくサッカー観戦のビギナーの方から、「ピッチの上に選手がごちゃごちゃいて、どこを見ればいいかわからない」という声を聞く。

たしかにそのとおりだ。サッカーのフィールドは105m×68m（日本国内）、つまり7140㎡（約2160坪）もある。標準的な一戸建てなら、約70軒分。テニスコートなら約27個分だ。ここを20人のフィールドプレイヤーがあちこち走り回るのだから、どこをとっかかりにしていいかわからなくて当然だろう。

いったいどうすれば、初心者でも簡単に、攻守の良し悪しを簡単にチェックできるのだろうか？

その鍵は、「液体」と「固体」の変化にある。

ここで中学生時代の理科の記憶を引っぱり出して、水が水分子で成り立っていることを思い出してほしい。

水というのは（1気圧ならば）0℃を境に、固体（＝氷）になったり、液体（＝水）になる物質。0℃以下だと水分子が強く結びついてガチガチの固体になり、0℃以上になると結びつきが弱まってサラサラの液体になる。

氷と水——この2つの状態が、まさにサッカーにおける理想の守備と攻撃に当てはまるのだ。

守備のときは、選手たちが「氷」のように固まって相手の侵入をブロックすれば、相手はこちらのゴールに近づくことすらできない。最新式の冷蔵庫には「瞬間凍結」のボタンが装備されているが、強いチームはそれと同じで、スイッチひとつで守備をガッチリ固めることができる。

一方、攻撃のときは、選手たちが「水」のように形を変えながら相手陣地に流れ込めば、あっというまにゴールに近づくことができる。

なぜ水は形を変えられるのか。それは、水分子同士がある程度の結びつきを保ちながら、自由に動き回っているからだ。組織を意識しつつ、攻撃でアグレッシブに走り回る選手は、まさにその状態と言える。

つまり、攻守の良し悪しを判断するには、次の2つをチェックすればいい。

**・攻撃＝動き回っているか**
**・守備＝ブロックをつくっているか**

攻撃において、もし選手がダイナミカルに動き回れば、常にパスコースがどこかに生まれ、パスがつながりやすくなる。すなわち、シュートを打つチャンスも増える。

一方、守備において、ブロックをつくることができれば、相手はそう簡単にゴール前に侵入してくることができない。まずは、この攻守における2つのポイントをイメージできるようにしてほしい。

## 攻撃の2つのチェックポイント

では、動きのあるなしやブロックの固さをチェックするには、具体的にどこを見ればいいだろうか？もちろん細かく見たらチェック項目は山ほどあるが、ここでは最も大切で、最もお手軽なポイントを「4つ」に厳選する。この4つさえ押さえておけば、1分で注目するチームの「攻守の基本ができているか？」を判別できるようになる。

**攻撃のとき**

①ボール保持者のまわりで、アクションを起こしている選手がいるか？

②クロスに対して、相手ゴール前に飛び込む選手が何人いるか？

**守備のとき**

③DFからFWまでをコンパクトに保てているか？

④ゴール前中央を空けていないか？

それでは順番に、ポイントを見ていこう。

**攻撃のチェックポイント①**

## ボール保持者のまわりで、アクションを起こしている選手がいるか？

テレビ観戦していて、あまりに退屈な展開にあくびをしたことはないだろうか。

それはたいてい選手がちんたらと歩き、パスを出す相手が見つからず、結局バックパスをしているようなときだ。これはボールをもった選手が逃げ腰になっているのではない。全体の攻撃が停滞してしまっているのは、ボール保持者のまわりに「パスを受けにいく選手」が少ないからだ。

サッカー界では、とくにこういう選手のアグレッシブさが失われた状態を「足が止まる」と呼んでいる。もちろん突っ立ったままの選手などいないが、疲労が溜まったり、ミスが怖くなると、ボールをもらいにいくアクション（動作）をサボるようになってしまう。

サッカーというのは不思議なほどメンタルが影響しやすいスポーツで、ひとりの足が止まると、全員の足が止まりがちになる。逆にひとりが活発にアクションを起こすと、まわりまでそれにつられる傾向がある。ゴールを決めたチームが急に元気になって、波状攻撃を始めるのがいい例だ。

だからこそ、「ボール保持者のまわりで、アクションを起こしている選手がいるか」は、パスを回すうえで非常に重要なのだ。

ここでアクションとは何かを、きちんと定義しておこう。

アクションとは「パスコースを増やす動き」のことだ。

ボール保持者がパスを出そうとするときに、パスコースが多ければ多いほど、当然ながら選択肢は広がる。途切れることなく複数のパスコースがあれば、攻撃が行き詰まることはなく、波のように相手ゴールに迫ることが可能になる。

アクションの中で最も基本的なのが、ボール保持者を追い越していく動きだ。

ボール保持者は追い越した選手にパスを出してもいいし、その選手をオトリにして自分がドリブルしてもいい。2002年日韓W杯で日本代表を率いたフィリップ・トルシエ監督は、この動きを「ウェーブ」と名付け、選手に徹底して練習させた。

好調のチームの攻撃を見ると、気持ちいいくらいに選手たちが次々にボール保持者を追い越していく。よくサッカーでは「勢いのある攻撃」という表現を使うが、まさにこういう「追い越す選手」が多い状態のことだ。

## ○ ボール保持者を追い越す選手がいる

## × ボール保持者を誰も追い越さない

このウェーブの動きに加えて、まわりの選手たちがより手のこんだアクションを起こしていれば、さらにレベルの高い攻撃ができる。

## 図2　ボール保持者のまわりの選手をチェック

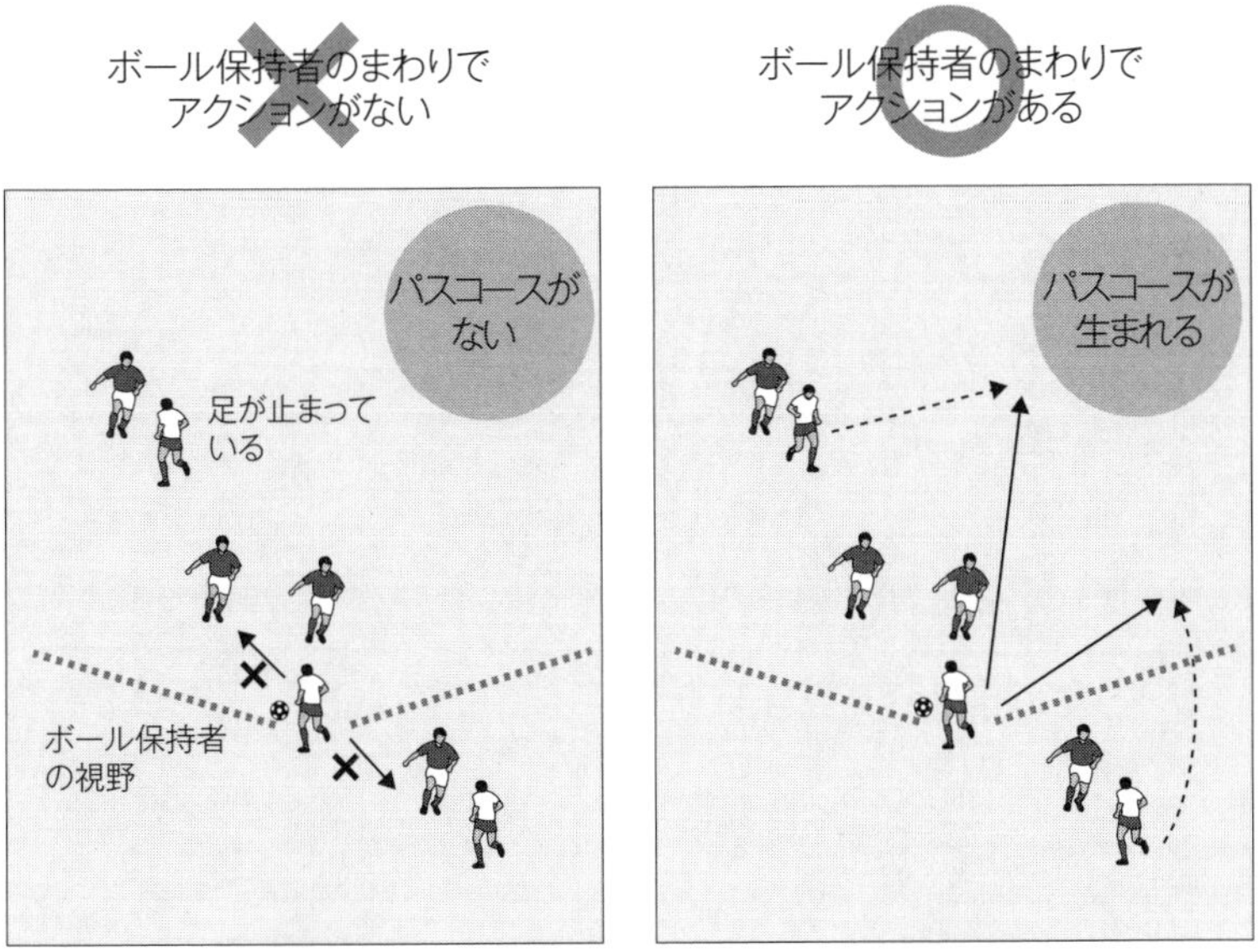
ボール保持者のまわりで
アクションがない
パスコースがない
足が止まっている
ボール保持者の視野
ボール保持者のまわりで
アクションがある
パスコースが生まれる

パスコースに顔を出す
選手がいないので
パスを出せない

パスコースに顔を出す
選手がいるので
パスの選択肢が多い

**まわりがアクションを起こすメリット**

① パスコースが増える
② 危険なエリアにパスを出せる
③ 攻撃をスピードアップできる

たとえば「スペースに走り込む」アクション。スペースに走り込めば相手がマークについてくるので、どこかにパスコースが生まれやすくなる。また、「相手DFの背中側に回り込む」というアクションもある。人間の背中には目がついていないので、相手DFの背中側に回り込めれば、相手からのマークを外してパスを受けやすくなる。こういうアクションが連続して起これば、常にパスコースが2つ、3つある状態が続き、縦方向にパスをつなぐことができる。たとえば、イングランドの名門マンチェスター・ユナイテッドは、ボールを奪って素早く攻めるとなると、次々とボール保持者を複数の選手が追い越していく。彼らはアクションのお手本のようなチームだ。

代表的なアクションを、箇条書きにしておこう。

### ⓐ ウェーブ（ボールを追い越す動き）

ボール保持者の後ろから、弧（ウェーブ）を描くように追い越す動き。パスコースを増やすだけでなく、相手を引きつけてスペースをつくる効果を期待できる。サイドのエリアで使われることが多い。ドイツ代表のサイドバックのフィリップ・ラームは、ウェーブの動きでオーバーラップするのがうまい。

### ⓑ ダイアゴナルラン（2人が交差する動き）

ピッチ上を斜め方向に走る動き。守る側としては、マークについていくべきか、ほかの選手にマークを受け渡すか、一瞬の判断が求められる。すなわち、守備側に一瞬の隙が生まれやすい。ゴール前中央のエリアで有効。日本代表ではFWの岡崎慎司が、この動きをよく使っている。

**図3　パスを受ける選手の4つのアクション**

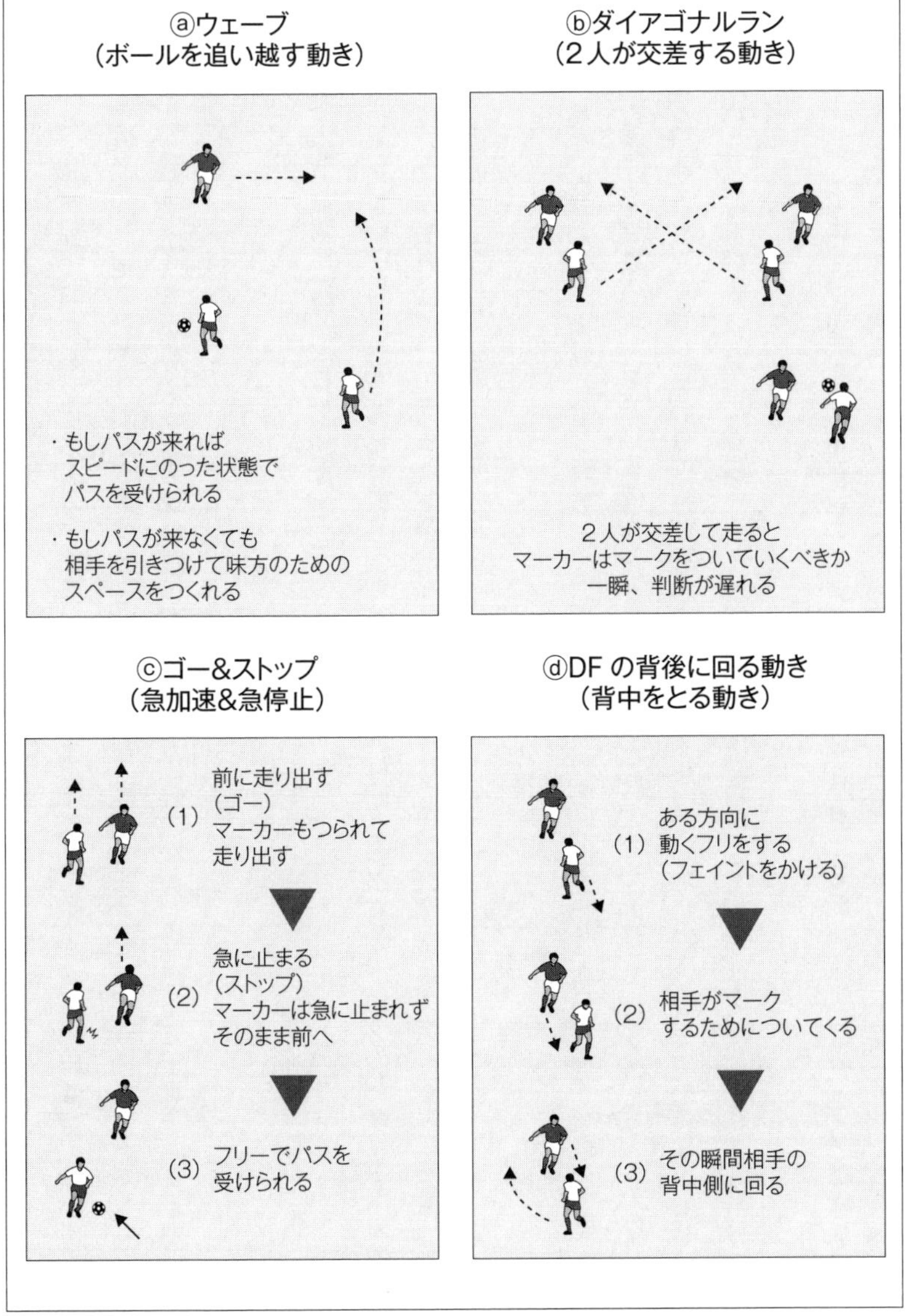
ⓐウェーブ
（ボールを追い越す動き）
・もしパスが来れば
スピードにのった状態で
パスを受けられる
・もしパスが来なくても
相手を引きつけて味方のための
スペースをつくれる
ⓑダイアゴナルラン
（2人が交差する動き）
2人が交差して走ると
マーカーはマークをついていくべきか
一瞬、判断が遅れる
ⓒゴー&ストップ
（急加速&急停止）
（1）
前に走り出す
（ゴー）
マーカーもつられて
走り出す
（2）
急に止まる
（ストップ）
マーカーは急に止まれず
そのまま前へ
（3）
フリーでパスを
受けられる
ⓓDF の背後に回る動き
（背中をとる動き）
（1）
ある方向に
動くフリをする
（フェイントをかける）
（2）
相手がマーク
するためについてくる
（3）
その瞬間相手の
背中側に回る

### ⓒゴー&ストップ（急加速&急停止）

直線的に走り、相手がつられたら急ストップする。足が速い選手ほど、相手が必死になってついてこようとするので効き目が大きい。相手は急に止まれず体勢が崩れ、攻撃側は完全にフリーになれる。とくに、サイドからクロスが上がってくるときに有効だ。イングランド代表のFW、ウェイン・ルーニーが得意にしている。

### ⓓDFの背後に回る動き（背中をとる動き）

DFの視野の外に動いて、パスをもらう動き。とくに背中側に回るのが有効。相手の背後を突いた瞬間にドンピシャでパスが来れば、ビッグチャンスになる。元イタリア代表のフィリッポ・インザーギは、相手の背中に回る達人だ（詳しくは第4章を参照）。

ここまで「選手のまわり」とぼかして書き、それがどれくらいの範囲を指すかにはあえて触れなかったが、その距離はボール保持者のパスを出す能力（＝パスレンジ）に大きく依存している。

ロングパスを出せるMFなら、まわりは半径20～30mの大きな円になるし、ショートパスしか出せないMFなら、半径5mほどの小さな円になる。ボール保持者の能力に応じて、アクションを起こし続けることが大切だ。

マッキントッシュ、iPod、iPhoneを世に送り出したことで知られるスティーブ・ジョブズは、スタンフォード大学卒業式の講演で「Keep Looking. Don't Settle.」（探し続けろ。決して止まるな）と若者に説いた。この名スピーチは、サッカーの攻撃の選手にもぴったりなのである。

また、複数の選手がアクションを起こすとき、ボールに近づく動きとボールから遠ざかる動きが同時にあると、さらに効果が大きくなる。

ただし、選手も体力が無限に続くサイボーグではない。

試合時間が70分を超えたころになると、選手の心拍数は上昇し（ときに180近くになる）、ボールを受けるアクションを連続できなくなる。また、ペース配分を考えずにアクションを繰り返すと、もっと早い時間帯から動けなくなってしまう。どんなチームでも試合終盤になるとボールをもらいにいく動きが減り、攻撃がワンパターンになる傾向がある。それを選手交代などの采配で、監督は防がなければいけない。

浦和レッズのフォルカー・フィンケ監督は、ボールを受けるためのアクションを、選手に叩き込むのがうまい指導者だ。フライブルクにある彼の事務所でインタビューしたとき、このドイツでも一目置かれる戦術家はこう言った。

「ボールホルダー（＝保持者）のまわりに、いかに味方の数を増やすかが攻撃のキーポイントだ」

これを実現するために、フィンケは手を使った〝ハンドボール・トレーニング〟を用いている。

選手はボールをもっているときは動いてはいけなく、手で味方にパスをする。しかし、そのボールを受ける選手は、ヘディングで次の味方にパスしなければいけない。次の選手は手でとり、あとはそれの繰り返し……というルールだ。

ボールをもった選手は動けないので、自然と味方が近づく仕組みになっており、「ボール保持者のまわりのアクション」が体に刷り込まれる。子供にもオススメの練習方法だ。

よりレベルの高い話をすると、ＦＣ東京の城福《じょうふく》浩監督は、アクションをより意味あるものにするために、選手たちに次のようにアドバイスしている。

「ボールホルダーが下を向いているときに、いくらまわりが動いても意味がない。ボールホルダーが頭を上げてから、まわりは動き出せ」

アクションは単純な動作だが、攻撃の本質にかかわっているだけに、どうチームに浸透させ、機能させるかは、監督の腕の見せ所なのである。

攻撃のチェックポイント②

## クロスに対して、相手ゴール前に飛び込む選手が何人いるか？

サッカーにおける最も基本的な攻撃は、「サイドからクロスを上げて、ペナルティエリアに走り込んだ選手がシュートする」というものだ。なかにはバルセロナのように中央でのパス回しを得意とするチームもあるが、それでも試合中にサイド攻撃をしないなどということは絶対にない。

なぜ基本になっているかというと、実践するのがほかの攻撃に比べて、それほど難しくないからだ。サイドというのは相手からのマークが少ないので、パスをつなぎやすく、クロスも上げやすい。

しかし最大の障害は、クロスが送り込まれるペナルティエリア内にある。相手守備陣はシュートを打たせまいとマークを厳しくし、屈強なＤＦたちが体を張ってクロスをクリアしようとする。つまり、クロスを上げられたとしても、それを得点に結びつけるのは簡単ではないということだ。

## 図4　クロスに飛び込む人数をチェック

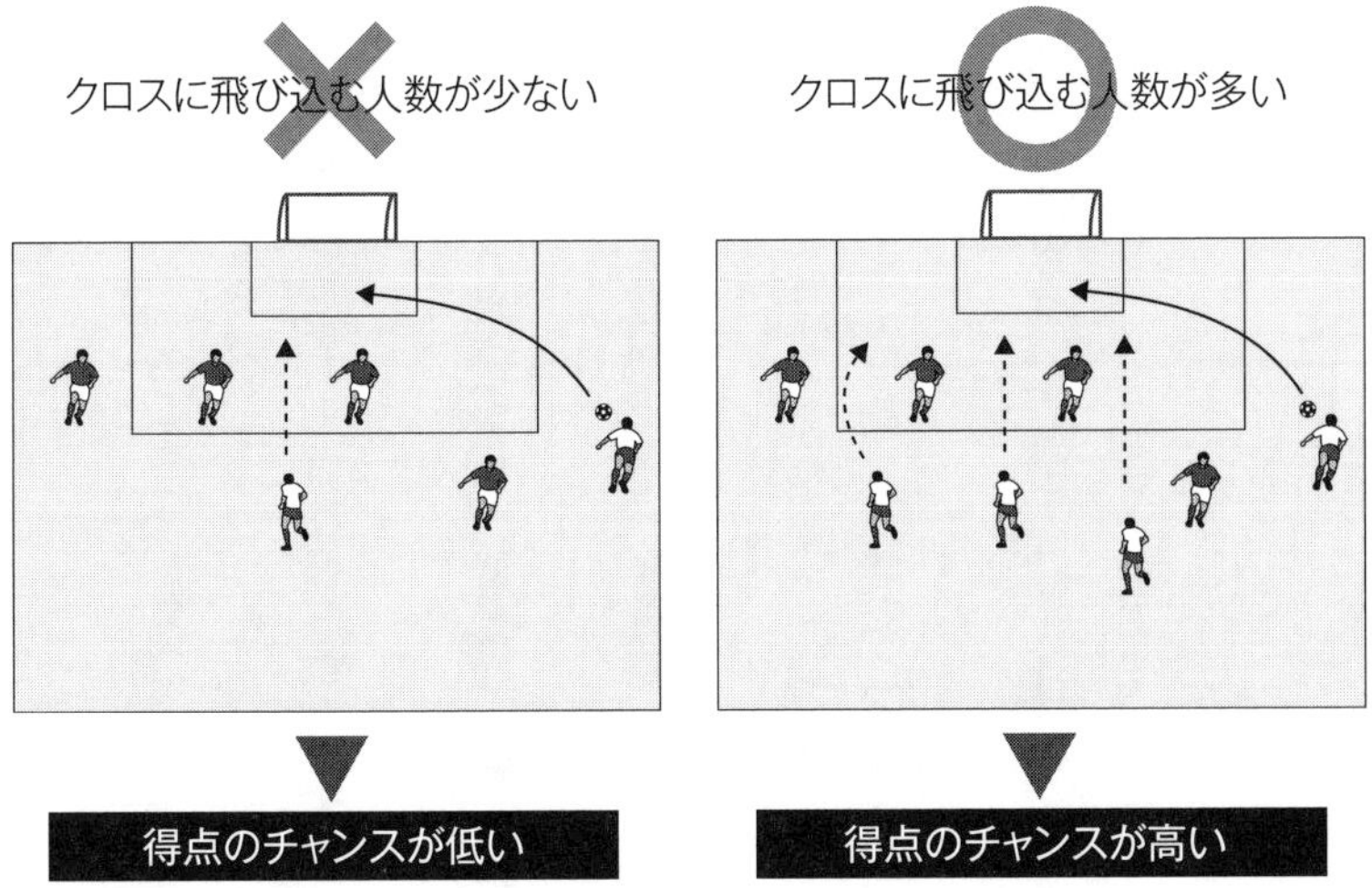


クロスの目標地点は大きく3つ

→各エリアに選手が飛び込むと相手は守りづらい

→つまり、**3人以上**飛び込むと格段に得点力がアップ!!

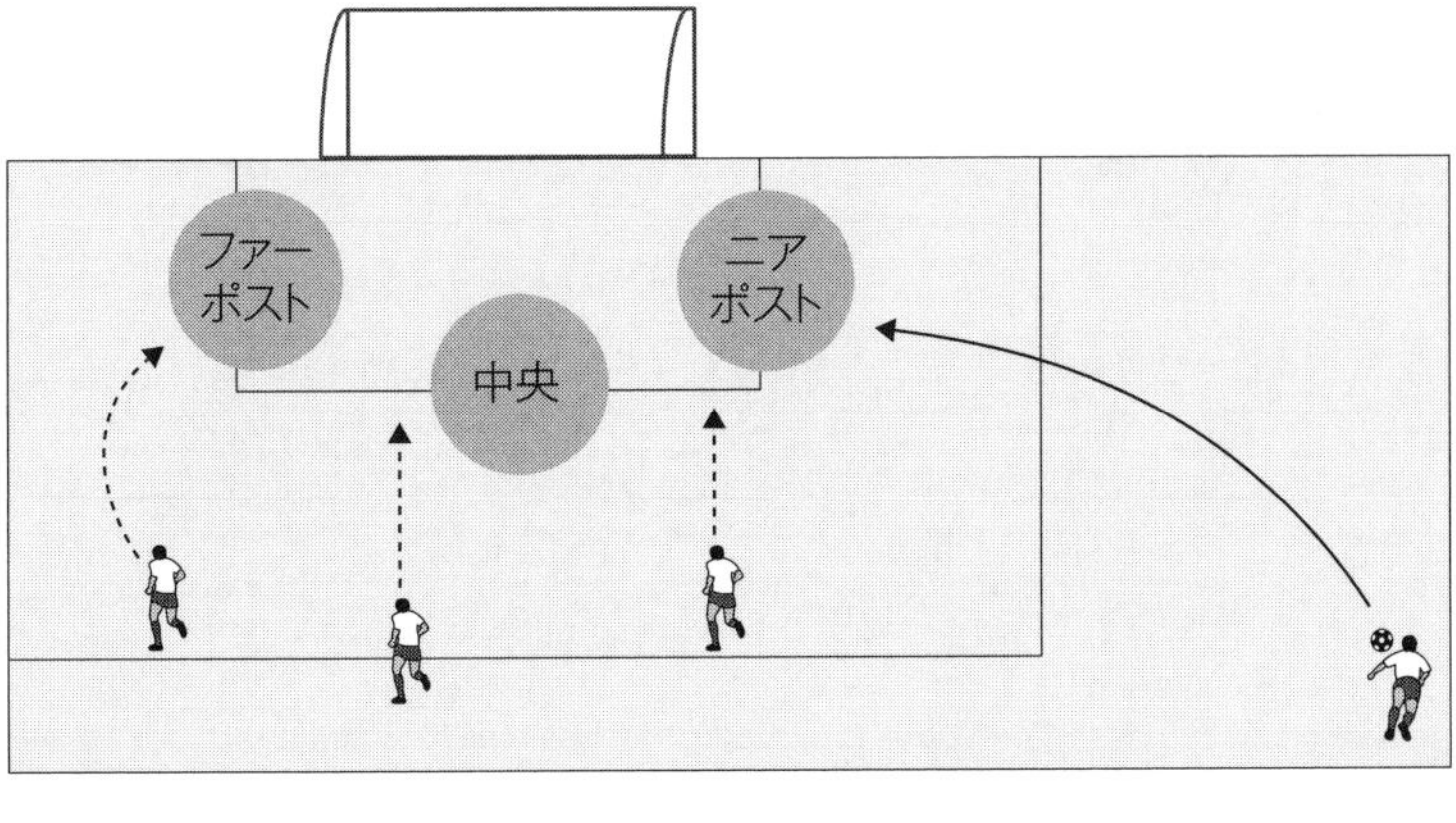

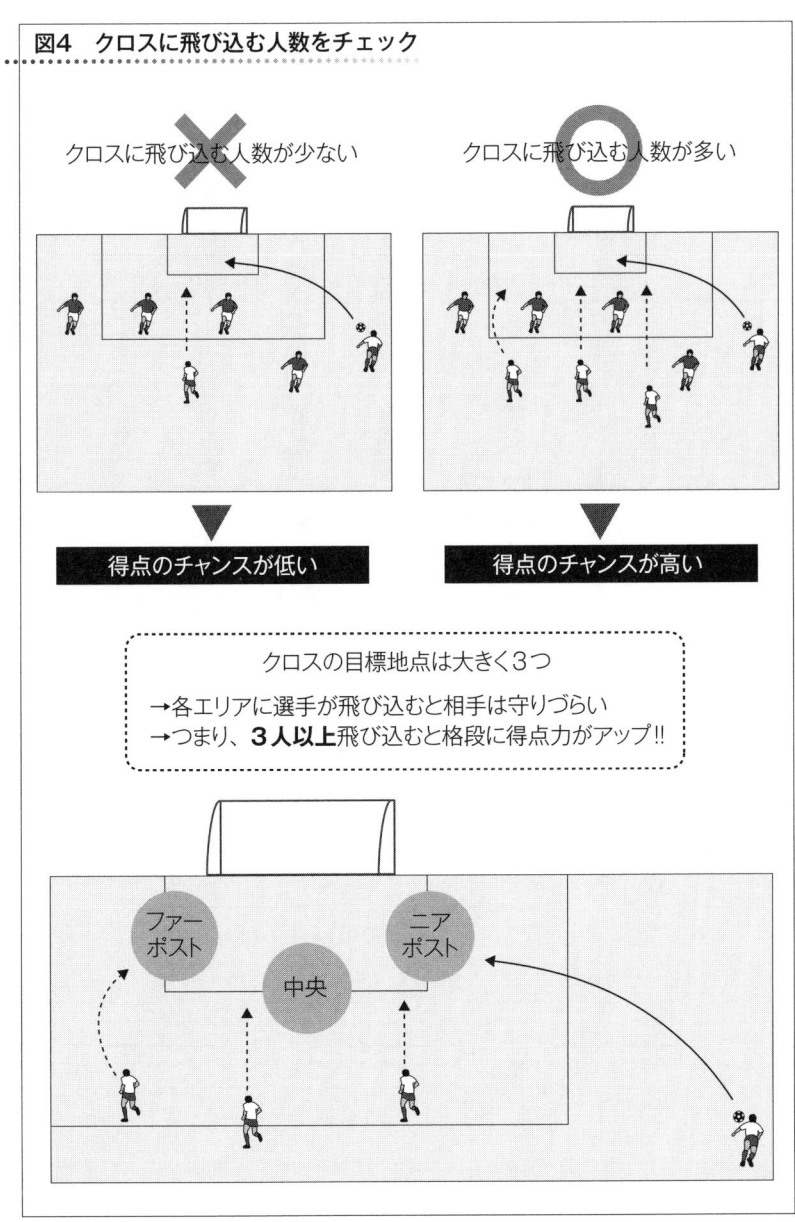

では、スタンドにいる観戦者としては、クロスから得点が決まるか決まらないかは、どうやって見分ければいいだろうか？

それには、「クロスに対してゴール前に飛び込む人数」を数えればいい。

せっかくサイドを突破してクロスを上げても、誰もゴール前にいなければ得点は生まれるはずがない。ゴール前に飛び込む選手が多いほど、得点のチャンスは大きくなる。

**○ 飛び込む人数が多い → 得点のチャンスが高い**

**× 飛び込む人数が少ない → 得点のチャンスが低い**

もちろんFWひとりだけが飛び込んで、そこにドンピシャでクロスが合うこともある。しかし、それは出し手の「正確なクロス」と、受け手の「質の高い動き」がそろった場合だけだ。こういう理想的な連携を、常に期待できるわけではない。

クロスの目標地点は、大雑把に見れば、「ニアポスト」「中央」「ファーポスト」の3つに分けられる。この3エリアすべてに選手が走り込めれば、相手にとってはクロスの着弾点を読むのが非常に難しくなる。つまり、「3人以上」がゴール前に飛び込めば、一気にチャンスは大きくなるのだ。

**○ クロスに対して、ゴール前に3人以上が飛び込んでいる**

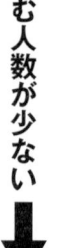

## ✕ クロスに対して、ゴール前に1人しか飛び込んでいない

また、もし複数の選手がゴール前に飛び込めたとしたら、そのうちの2人が「交差」して走るとなお効果的だ（図3で紹介したダイアゴナルランを参照）。ゴール前は、相手のマークが一番厳しいエリア。単純に動いていたのでは、マークを外すのは難しい。そこで2人がクロスして走ることにより、相手DFを一瞬混乱させる効果が期待できる。

とにかく、この「走り込む人数」を意識すると、おもしろいようにクロスの成功率を予測できるはずだ。実際、サッカー初心者の友人にこの判別法を伝えたところ、「これは使いやすい」と驚いていた。もちろん100％予測できるわけではないが、これほどシンプルで実用的なバロメーターはなかなかない。

たとえば、先ほど「アクション」のところでお手本にあげたマンチェスター・ユナイテッドに当てはめてみよう。ほとんどのクロスに対して、3～4人の選手がペナルティエリアに走り込んでいることがわかる。彼らは世界一、攻撃の基本に忠実なチームと言っていいだろう。

それにしても、なぜ「悪いチーム」は少ない人数しかゴール前に走り込めないのか？

それは技術というより、メンタル面に依存する部分が大きい。

一般的に、パス回しなどボールキープがうまくいっていないときは、いつ相手にボールを奪われてカウンターを食らうかわからないので、中盤の選手は怖くて前に出ていけない。逆にボールキープがうまくいっていると、心理的な余裕が生まれ、前に飛び出しやすくなる。

慎重に守備を重視すべきか。それとも、大胆にゴール前に攻め上がるべきか。ゴール前に飛び出す人数

は、選手が心理的に優位に立っているかのバロメーターでもあるのだ。

また、日本代表の岡田武史監督は、ゴール前に走り込む人数のことを「迫力」とたとえている。日本の選手は相手からのプレッシャーが弱いサイドに逃げがちで、気がつけば、真ん中に誰もいないという状況が生まれやすい。迫力（＝人数）を増すことは、今後の日本サッカーの課題のひとつと言えるだろう。

以上が、サッカーというスポーツの攻撃を知るうえで、最もシンプルで基本的な2つのポイントだ。サッカーの試合中はどの選手も動き続けているように見えるかもしれないが、いかに意図をもって動けるかがキーポイントになっている。

まずは攻撃しているチームだけに注目して、このチェック法を当てはめてほしい。たった2つのポイントだけなのに、なぜ波に乗っているチームの攻撃がうまくいっているのか、なぜ連敗中のチームの攻撃に勢いがないのか、驚くほど簡単に理解できるようになるはずだ。

## 守備の2つのチェックポイント

次に、守備のチェックポイントに入ろう。

キーワードは、選手がつくる「ブロック」だ。

サッカー観戦に慣れた方には必要ないかもしれないが、まずは守備を「ブロック」として見るとは、どういうことかを説明しておこう。

まずGKは脇に置いて、10人のフィールドプレイヤー（ピッチを自由に動くDF、MF、FWのこと）

をひとつの「かたまり」として見てほしい。外側に立っている選手を一筆書きのように線で結んでいくと、箱のような多角形ができる。この箱のことを、サッカー界では「ブロック」と呼んでいる。

ただ、コンクリートでできたブロックと違うのは、サッカーでは部分的に選手同士の距離が遠くなると、守備のブロックにぽっかりと穴が開くということだ。たとえば、相手のボール保持者に4人のDFが同時に近づいてしまったら、ブロックはバラバラになり、穴だらけになってしまう。

サッカーを見るときに、どうしたら守備ブロックが崩れにくいチームと、崩れやすいチームを見分けられるだろうか？

それを簡単にチェックできるのが、これから紹介する2つの見方だ。

守備のチェックポイント①

## DFからFWまでをコンパクトに保てているか？（守備のスタートラインが決まっているか？）

10人のフィールドプレイヤーをひとつの守備のブロックとして考えたとき、そのブロックの縦方向の長さ、すなわち「DFからFWまでの距離」はとても大切な要素だ。

このことは直感的にも、すぐわかってもらえると思う。

城（＝ゴール）の門番をするとき、よほどの豪傑でないかぎり、ひとりぼっちでいるより、みんなが近くにいて守ったほうが心強いはず。それと同じで、選手同士がすぐそばにいて助け合うほうが、より固い守備になる。

ＤＦからＦＷまでの距離を短く保つことができれば、選手同士がぎゅっと集まって守備できる。すると、次のようなメリットが生まれる。

**① 多人数でボールをとりにいける**
**② 相手のパスコースを限定できる**
**③ こぼれ球を拾いやすい**

大雑把に言うなら、相手のボールホルダーがこちらの陣地に侵入してきたときに、みんなで取り囲んで、寄ってたかってボールを奪おうということだ。

これが、いわゆるサッカー用語の「コンパクト」である。

**○ ＤＦからＦＷまでの距離が短い ↓ コンパクトである**

**× ＤＦからＦＷまでの距離が長い ↓ コンパクトでない**

もちろん距離が短すぎてもダメで、だいたい40ｍのあいだにＤＦからＦＷが収まるのがいいとされている。ちなみにピッチの長さは１０５ｍなので、その3分の1くらいに収まるイメージだ。

## 図5　全体のコンパクトさをチェック

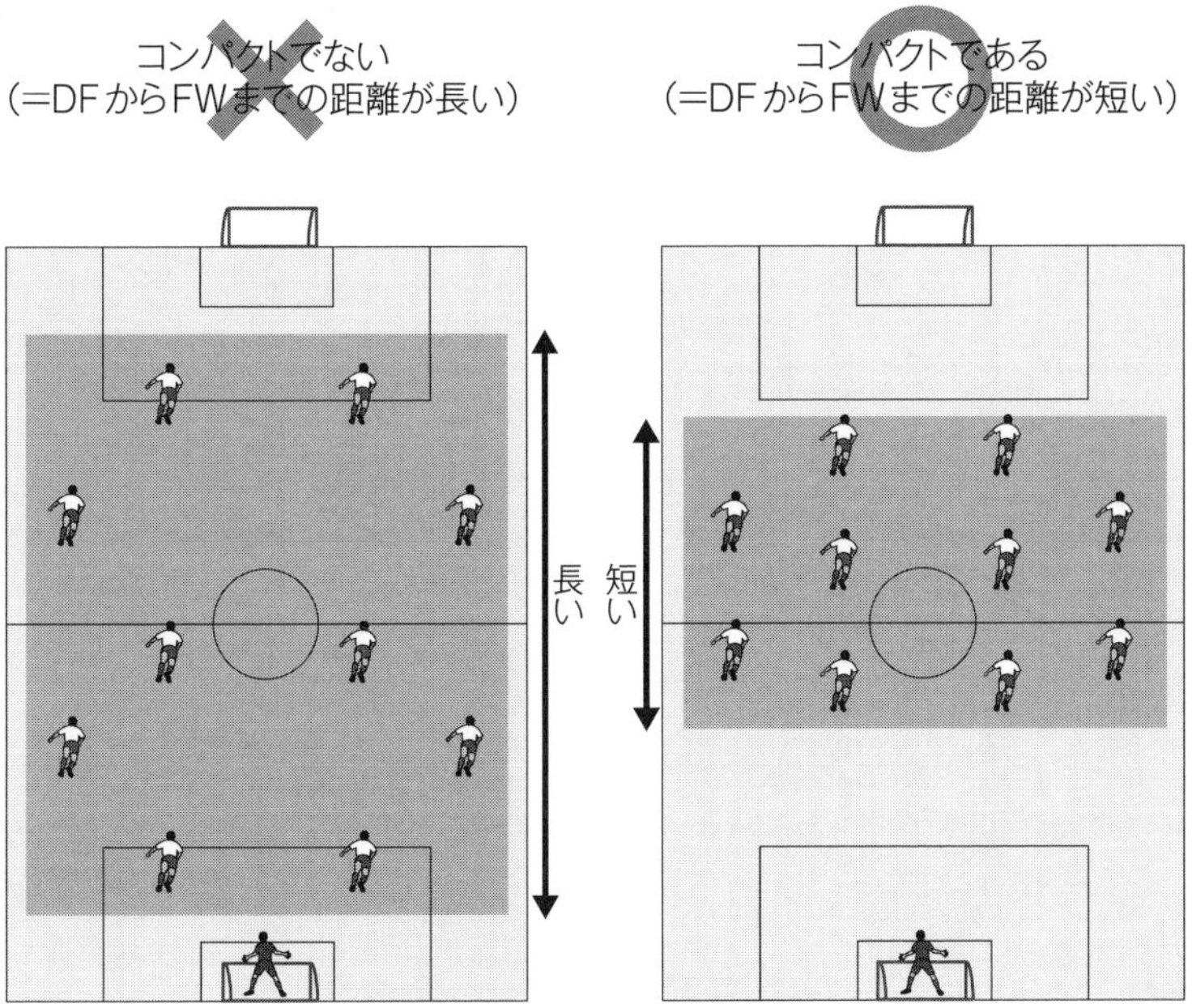


コンパクトにするメリット

① 多人数でボールをとりにいける
② 相手のパスコースを限定できる
③ こぼれ球を拾いやすい

酪農が盛んな北ヨーロッパでは、守備はよく「チーズ」にたとえられる。人気アニメ『トムとジェリー』によく出てくる「穴だらけのチーズ」を思い出してほしい。ヨーロッパでは、スイス産の穴あきチーズ「エメンタール」が人気商品だ。だからドイツ人は、すかすかで役立たずの守備陣のことを「穴だらけのチーズ」とバカにするのである。

いまや「コンパクト」であることは、現代サッカーの大前提になった。バルセロナやマンチェスター・ユナイテッドといった世界のトップクラブはもちろん、Jリーグのほとんどのチームがコンパクトさに細心の注意を払っている。

キックオフから30分くらいは、このチェック法を試してもさほどおもしろい結果は得られないだろう。プロチームならばほとんどの場合、コンパクトだからだ。

だからといって、この視点がまったく役立たずというわけではない。前半30分を過ぎたあたり、もしくは後半の15分を過ぎたあたりから、驚くような効果を発揮しはじめる。

世界のトップクラスのチームといえど、体にも頭にも疲労が蓄積するため、90分間集中を保つのは困難である。まして11人もいると、判断力が鈍る選手が必ずと言っていいほど出てきて、だんだんＤＦからＦＷまでの距離が長くなってしまう（冷蔵庫から氷を取り出したら、徐々に溶けていくように）。

ラスト20分の疲労が蓄積したときこそ、体に〝基本〟が染みついているかが試される。格下のチームがラスト20分に崩れることが多いのは、体と頭がくたびれると、基本の動きができなくなるからだ。もし試合終盤になっても、ＤＦからＦＷまでの距離を約40ｍにキープできていれば、そのチームの組織力はなかなかのものである。たとえば、Ｊリーグで最も優勝回数が多い鹿島アントラーズは、90分間コンパクトさを保てるチームだ。

コンパクトにする意義をはじめて唱えたのは、イタリアの名将アリーゴ・サッキと言われている。80年代のことだ。プロ選手経験が一切ないにもかかわらず、のし上がったこの野心家は、ACミランにゾーンプレスを導入して世界に衝撃を与えた。

ゾーンプレスとは、従来のマークを固定した守り方（マンツーマン・ディフェンス）ではなく、それぞれの選手に担当エリアを決めて守備をするやり方である。各自が担当するゾーンの面積が広いと、それぞれの負担が大きくなってしまうので、ゾーンプレスにはコンパクトの維持が必須だ。

マンツーマンが「受け身」の守り方なのに対して、ゾーンプレスは「能動的」な守り方。ACミランの選手たちは磁石で吸い寄せるように相手からボールを奪い、この新戦術は瞬く間に世界に広まっていった。いまやほとんどのチームで、採用されている。

モダンフットボールにおいて、コンパクトさは守備の大原則だ。

もちろん時が経つうちに戦術も変遷し、ちょっとした変形版も生まれている。フィールドプレイヤー10人のうち8人だけがコンパクトに守り、FW2人はセンターライン付近に残って、カウンターを狙うというやり方だ。

「8人」＋「2人」の2つのブロックに分かれ、前者だけがコンパクトになるということである。

これを「FWのカウンターポジション」と言う。

ドイツサッカー協会はユーロ２００８を分析して、このカウンターポジションがトレンドのひとつであるとレポートした。

今後も時代とともに、応用版が生まれてくるだろう。

とはいえ、まだまだプロの中にも、コンパクトにできないチームがある。本書の冒頭で触れたジーコ監督時代の日本代表がいい例だ。

そういうコンパクトではないチームに共通するのが、「守備のスタートライン」が決まっていないということだ。

「守備のスタートライン」とは、ボールをもっている相手がピッチのどのエリアまで侵入してきたらボールを奪いにいくかを定めた「守備を始める仮想のライン」のことである。

たとえば、日本対イングランドの試合で、日本が守備のスタートラインをセンターラインに設定したとしよう。相手がその線を越えてきたら、日本の選手はチームメイトと連動して、ひとつのブロックを保ちながらプレスをかけにいく。

言い換えると、チームとしてどこでボールを奪うか、どこに守備ブロックをつくるかの方針を決めておくということだ。

**○ 守備を始めるラインが決まっており、プレスが連動している**

**× 守備を始めるラインが決まっておらず、プレスがバラバラ**

## 図6　守備のスタートラインをチェック

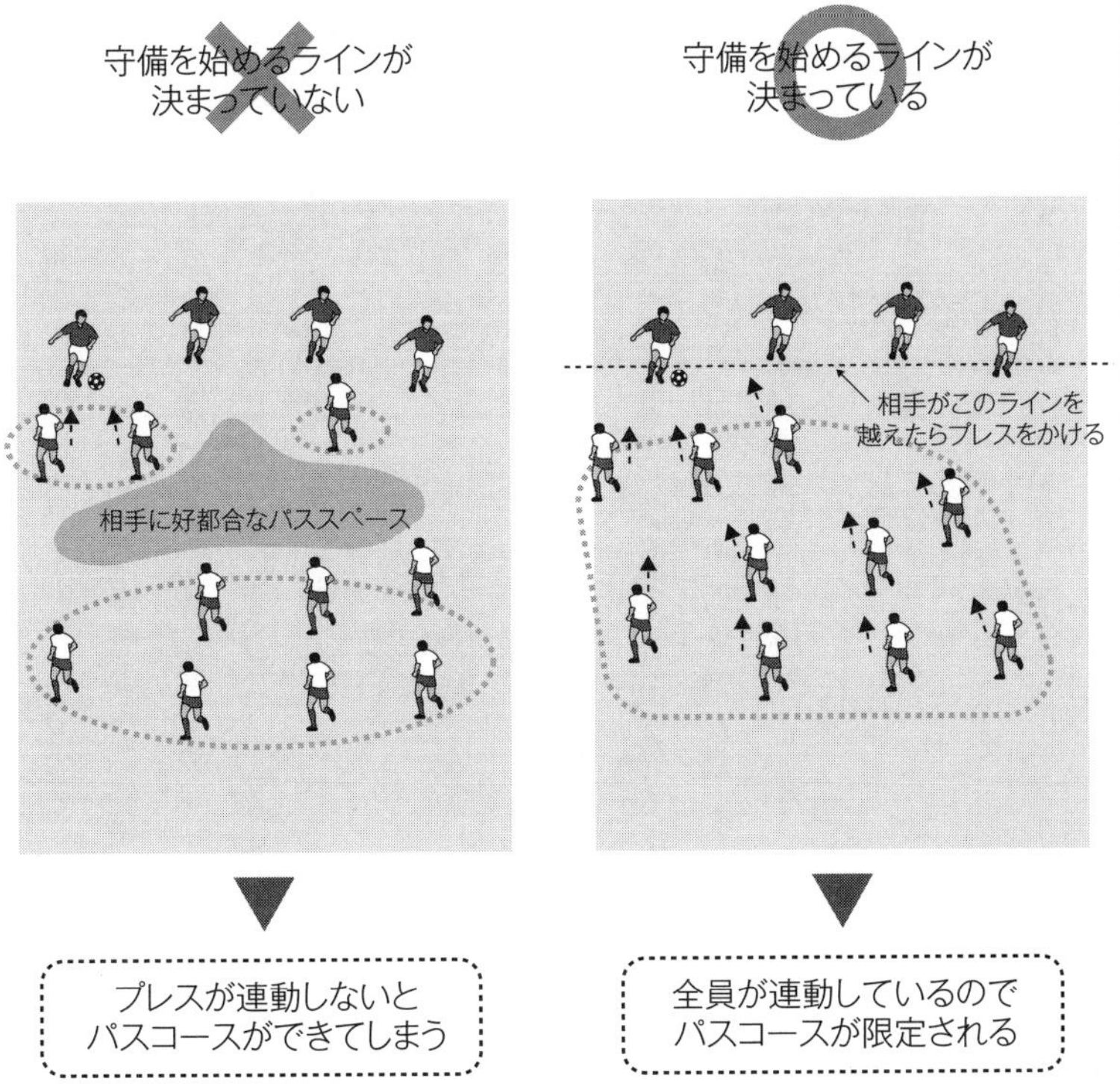
守備を始めるラインが
決まっていない
相手に好都合なパススペース
プレスが連動しないと
パスコースができてしまう
守備を始めるラインが
決まっている
相手がこのラインを
越えたらプレスをかける
全員が連動しているので
パスコースが限定される

「守備のスタートライン」の2つのケースを、図7に示した。

AとBの違いは何だろうか？　選手の立場になって考えてみよう。

図7のAは前線からプレスをかけるので、もしボールを奪えれば相手のゴールに近い分、ビッグチャンスになる。ただし、前線からプレスをかけ続けるには体力がいるし、ブロックが前掛かりになるので、その分、プレスをかわされたときにピンチになりやすい。つまり、リスクをともなう戦法だ。

一方、図7のBはボールを奪っても相手ゴールから遠いので、チャンスにするにはもうひと工夫いるが、後ろでしっかりブロックをつくっている分、守備に穴が開きにくい。つまり、失点のリスクが少ないということだ（ただし、Bの場合、自分たちのゴールに近いため、相手にシュートを打たせない「人に強い」DFが必要になる。詳しくは第5章を参照）。

Aがハイリスク・ハイリターンなのに対して、Bはローリスク・ローリターン。どちらが戦術的に優れているということはない。プレスのスタートラインをどこに設定するかは、監督の好みの問題だ。

これまで筆者が観てきた中で、最も守備のスタートラインが高かったのは、スペインのバルセロナだ。もちろん試合の状況や展開にもよるが、多くの場合、前線から〝ボール狩り〟を始める。バルセロナの得点力には、このあたりにも秘密がある。

ここで注目してほしいのは、前方の「守備のスタートライン」が決まれば、守備の選手たちがDFの最終ラインをどこに設定すべきか、おおまかな目安ができることだ。前が決まれば、後ろはそれに合わせてポジションを修正でき、その結果、全体がコンパクトになる。

そう、コンパクトにしようと思ったら、守備のスタートラインは絶対に決めなければいけないものなのだ。

## 図7　守備のスタートラインの高低

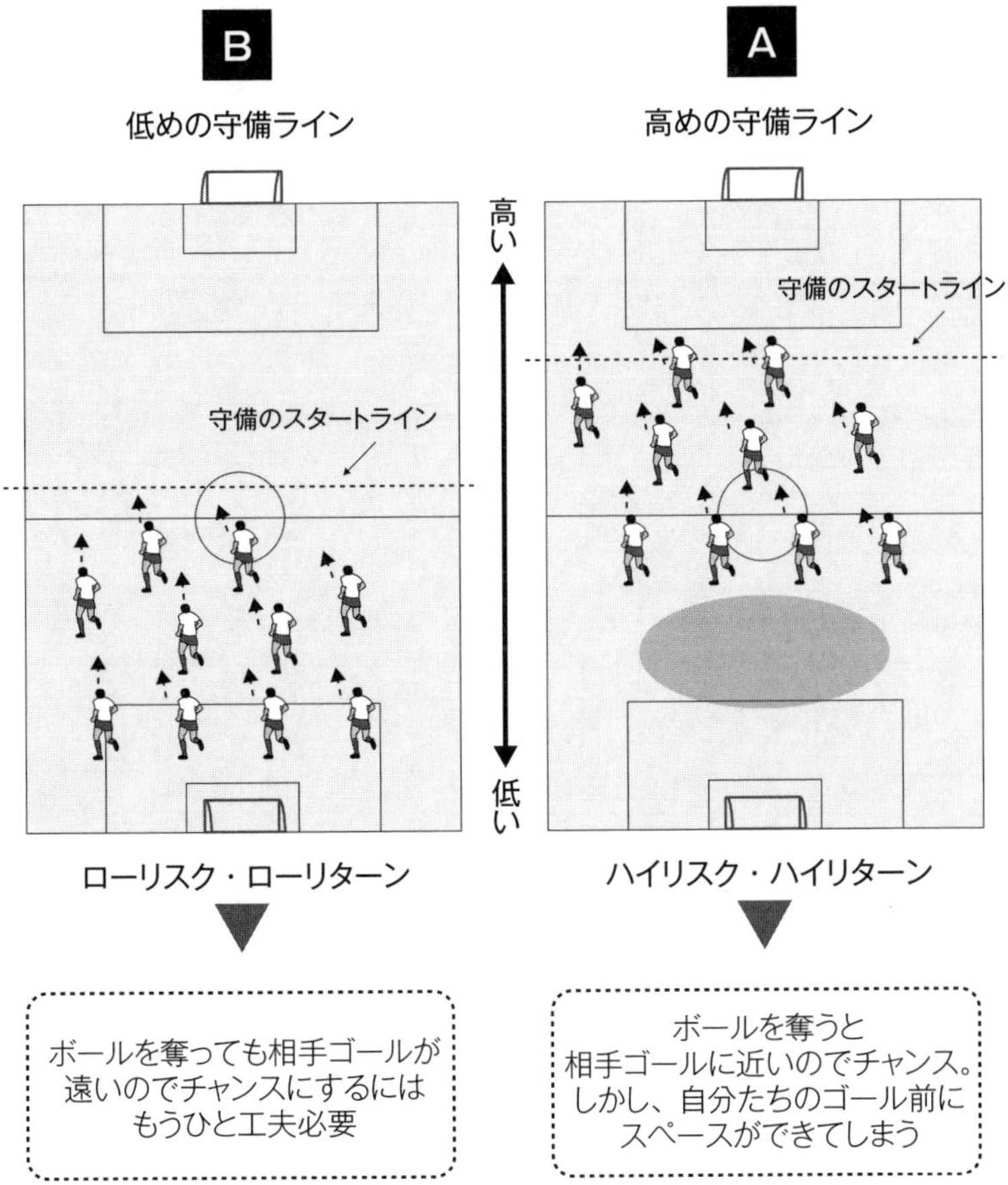
B
低めの守備ライン
守備のスタートライン
ローリスク・ローリターン
ボールを奪っても相手ゴールが
遠いのでチャンスにするには
もうひと工夫必要
A
高めの守備ライン
守備のスタートライン
ハイリスク・ハイリターン
ボールを奪うと
相手ゴールに近いのでチャンス。
しかし、自分たちのゴール前に
スペースができてしまう
高い
低い

この重要性は、失敗例を出せばよりわかりやすいだろう。

たとえばＦＷが独断で高い位置からプレスをかけても、ＭＦが連動して動かなければ、そのプレスは空振りに終わる可能性が高い。そうなるとＦＷがもともといた位置に穴ができ、ブロックのバランスが崩れ、相手にスペースを与えてしまう（図６）。

こうやって前線のプレスがうまくかからないと、ＤＦはロングパスを警戒してＤＦラインを下げざるを得ない。そうなるとますますコンパクトでなくなり、守備のブロックが壊れるという悪循環に陥ってしまう。

この失敗の代表例となったのが、２００６年ドイツW杯のオーストラリア戦における日本代表だ。

日本の攻撃陣は高い位置からボールを奪おうと考えたが、ロングボールを恐れる守備陣はＤＦラインを下げて守ろうと考えた。本来、監督であるジーコが守備のスタートラインを決めていれば、攻撃陣とＤＦ陣で意見が食い違うことはなかっただろう。だが、ジーコ監督がどこからプレスをかけるかを決めなかったために、日本は組織的な守備ができなかった。結局、日本は1点を先制しながらも、ＤＦからＦＷの距離が長くなり、ラスト8分に3点を奪われてW杯の初戦を落としてしまった。

ただし注意してほしいのは、たとえ守備のスタートラインが決められていても、選手は状況に応じてフレキシブルに対応しなければならないということだ。試合展開によっては、ラインの高さを変えなければいけないときもある。

たとえば試合開始時点では前からボールを奪いにいくことになっていても、もし先制点がとれれば、そのあとはリスクを避けて、守備のスタートラインを下げたほうがいいかもしれない。試合中、監督が方向性を示すか、ピッチ上のリーダーが場を仕切ることで、柔軟に対応することが求められる（もちろん、状況に応じて戦術を変えるのは、そう簡単なことではないが）。

話をまとめると、「DFからFWまでをコンパクトに保てているか？」は、「守備のスタートラインが決まっているか？」とほぼ同じ意味。コンパクトさをチェックするときには、守備のスタートラインが決まっているかもチェックしよう。

守備のチェックポイント②

## ゴール前中央を空けていないか？

コンパクトさを保つことに加えて、サッカーにはもうひとつ守備の大原則がある。

それは、「ゴール前中央のエリアを、絶対に空けてはいけない」ということだ。

なぜゴール前中央は特別なエリアなのか？　それは、ここからシュートを打たれると、失点につながる可能性が極めて高いからだ。

仮にサイドのエリアからシュートを打たれても、コースは限定されているし、距離もあるのでGKは反応しやすい。しかし中央から打たれると、コースは限定されないうえに距離も近いので、正確で強烈なシュートになる可能性が高い。

サッカーでゴール前中央を空けることは、野球でたとえるならばセカンドとショートをベンチに下げて、二遊間と三遊間をがら空きにするようなものである。

いつからか、サッカー関係者はこのゴール前中央のエリアを「バイタルエリア」と呼ぶようになった。英語でvitalとは「命にかかわる」という意味。それくらいサッカーにおいて、生死を左右する場所なのだ。

では、ゴール前中央をしっかりブロックするには、どうすればいいか？

それには、選手たちが中央にぎゅっと集まればいい。もちろん集まりすぎはよくなく、ちょうどDFたちがペナルティボックスの端から端まで等間隔に並ぶくらいがいいとされている。

たとえば4バックならば、サイドバックがどこに立っているかをチェックする。左右のサイドバックが、ちょうどペナルティボックスの両角くらいにいればOK。それより外にいるようだと、「黄信号」が点灯だ。

攻撃側も、相手が中央を固めてくるのはわかっているので、あの手この手で相手をサイドにおびき寄せ、真ん中のエリアにスペースを生み出そうと罠を仕掛けてくる。DFが外や前につり出されたら……非常に危険な状態だ。ポルトガルの名将ジョゼ・モウリーニョはチェルシーの監督時代に、前へつり出されやすいDFを「デコイラン」（オトリの動き）で狙うのを得意にしていた。当時のモウリーニョのスカウティングレポートを巻末の特別付録2にまとめたので、詳しくはそちらを参照してほしい。

じつは前ポイントで紹介した「コンパクト」には〝ニセモノ〟がある。その判別にも「バイタルエリア」は使える。

プロの世界においても、一見コンパクトに見えるが、すぐにシュートを打たれて失点するチームがよくある。そういうチームは守備陣がサイドに広がってしまい、ゴール前にスペースを与えてしまっていることが多い。つまり、DFからFWまでの距離は短くできていても、バイタルエリアを空けてしまっているチームがあるということだ。

## 図8　ゴール前中央を空けていないか？

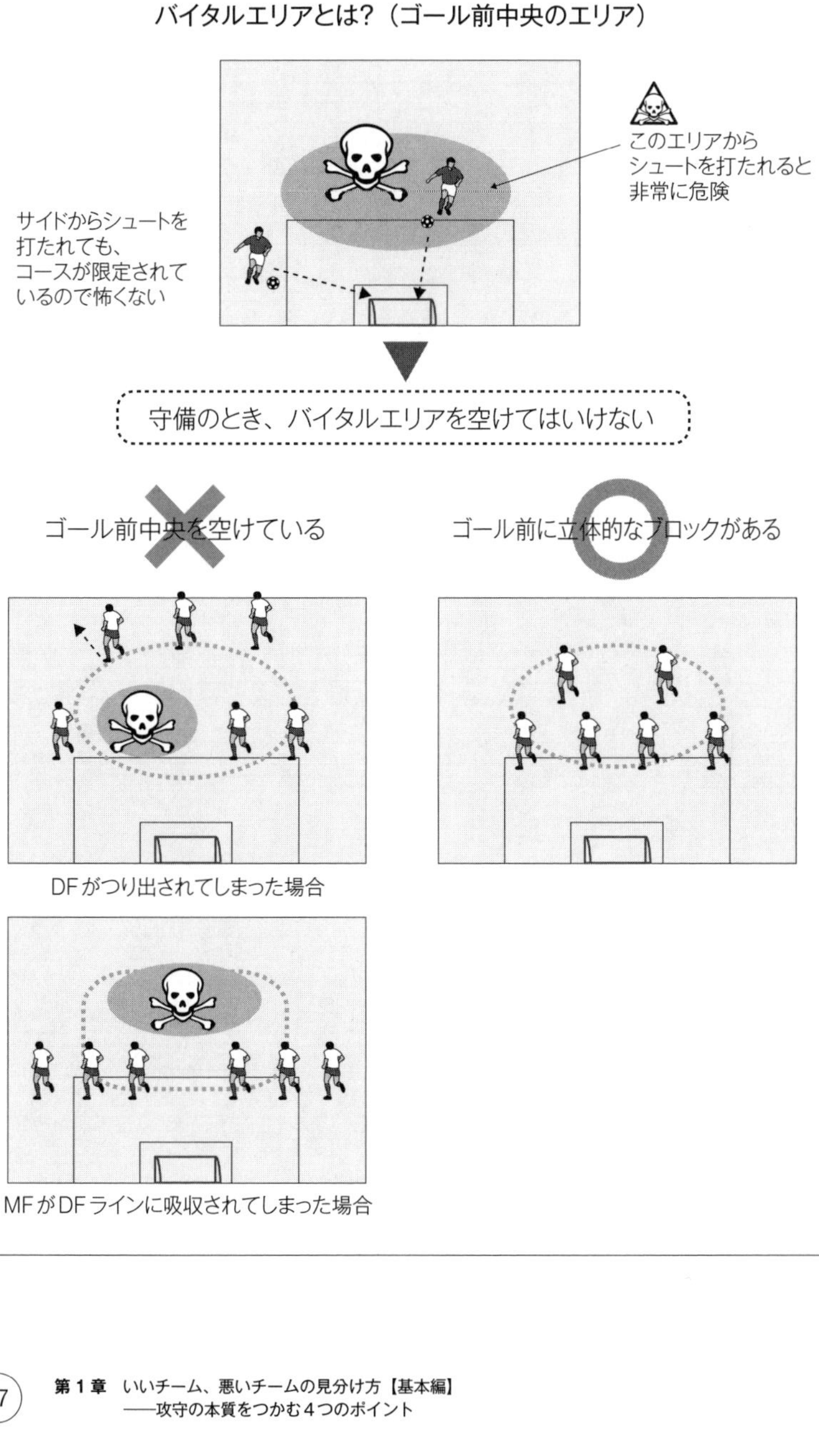
バイタルエリアとは？（ゴール前中央のエリア）
このエリアから
シュートを打たれると
非常に危険
サイドからシュートを
打たれても、
コースが限定されて
いるので怖くない
守備のとき、バイタルエリアを空けてはいけない
ゴール前中央を空けている
ゴール前に立体的なブロックがある
DFがつり出されてしまった場合
MFがDFラインに吸収されてしまった場合

当然、ゴール前中央を空けないためには、DFだけでなくMFの責任も大きい。せっかくDFラインがゴール前にバランスよく壁を築いても、その壁の前にスペースができてしまうと、フリーでミドルシュートを打たれてしまう。MFたちは、常にDFラインの前にある中央のスペースを埋めるのが鉄則だ。

サッカー観戦に慣れてくると、流れの中でDFライン前のエリアが空き、「あっ、危ないぞ」と気づけるようになる。そういうニオイを嗅ぎ取れれば、ほかの人よりも早くゴールを予想できるようになるはずだ。典型的な失敗例は「MFがDFラインに吸収される」というものだ（図8）。MFが焦ってまわりが見えないと、こういう立体的でない守備になってしまう。

筆者はオランダに住んでいるとき、ベルギー人監督のヘアマン・フェアメウレンが書いた戦術書『ゾーン・フットボール』を手にする機会があった。その本にも当然「守備で中央を空けてはいけない」という項目が出てくる。この本では、中央から棒グラフを順に並べるようにして、守備のときに空けてはいけないエリアが描かれている。なかなか本質をうまく捉えているので、本書でもその図を特別付録1として巻末に引用した。

日本ではゴール前中央と言ったら、ペナルティエリアのちょっと外くらいまでを指すことが多いが、このオランダの戦術書ではよりセンターラインに近いエリアまでカバーしている。

おそらく欧州のほうが、日本よりもロングシュートの射程範囲が長く、さらにパスの精度が高いため、空けてはいけないエリアが広く捉えられているのだろう。

最後にもう一度、いいチーム、悪いチームを見分ける【基本編】のエッセンスをおさらいしておこう。

攻撃では選手が「動き続けているか」をチェックし、守備では「ブロックがつくられているか」をチェックする。攻撃はダイナミックさ、守備はバランスと言い換えてもいい。

このコツさえつかめば、チームの良し悪しを見分けるための〝土台〟が出来上がったと言える。

## ミニコラム　どんなとき守備はピンチに陥るのか？

守備をするときの最大の落とし穴は、DF同士が「同じ動き」をしてしまうことだ。

瞬時の判断を迫られたとき、人は同じ行動をとりやすい。互いに「どちらがボールをとりにいく」という意思疎通をとっている時間はなく、それぞれが独自に判断しなければいけないからだ。

よくあるのはDF2人が同時に相手に詰め寄って、2人ともかわされてしまう、というシーンだ。もし1人がプレスをかけ、1人がカバーリング役を担っていたら、2段階の守備ができるというのに。

優れたDFならば、あらかじめパートナーの特徴を理解し、組む相手がどんどん突っかけるアグレッシブなタイプだったら、自分がカバーリング役に回る。もし組む相手がカバーリングを好むタイプだったら、自分がボールを奪いにいく役になる。そういう切り替えができるDFがいれば、ほかのDFにケガ人が出ても、組織力の低下を最小限におさえられる。

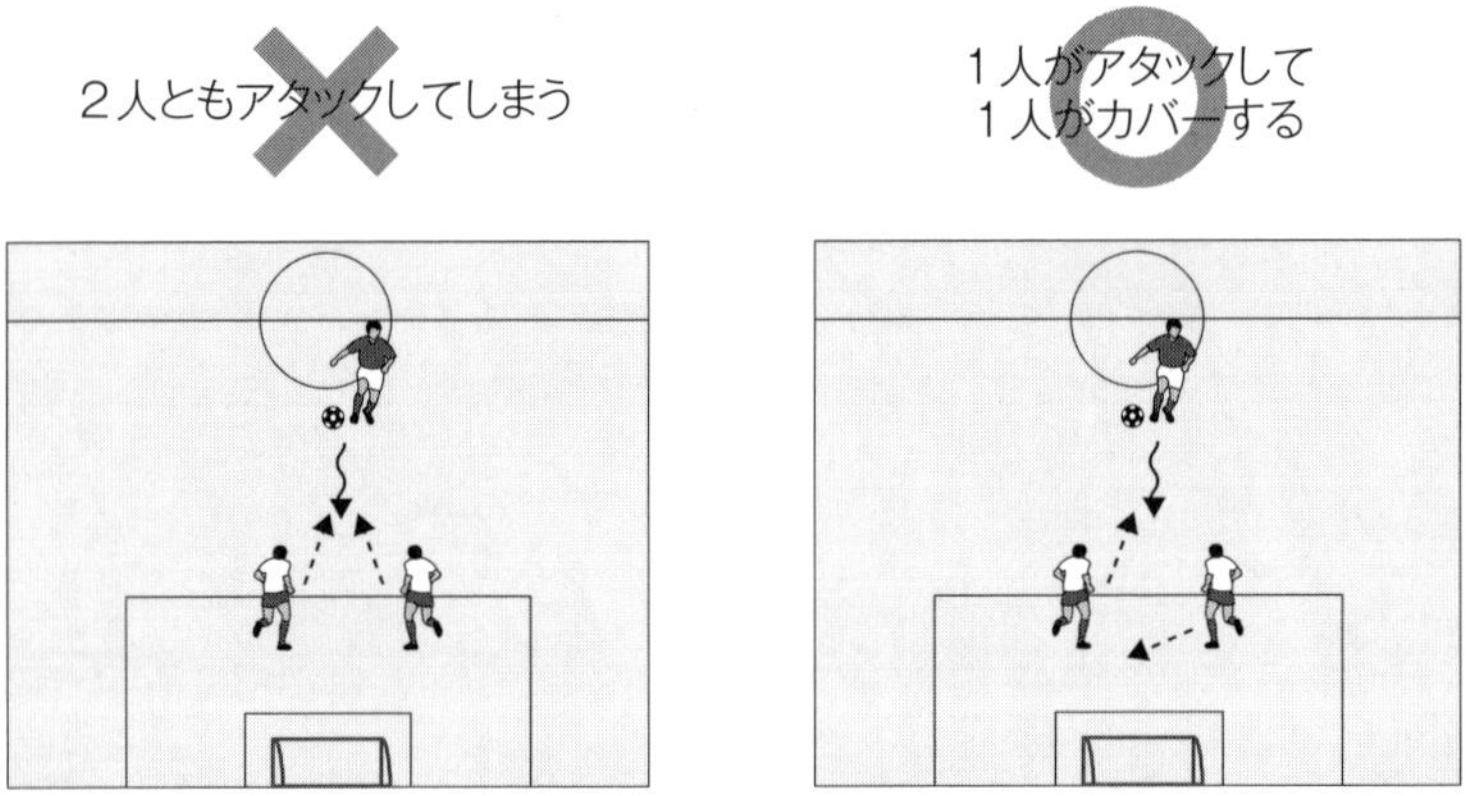
2人ともアタックしてしまう
1人がアタックして
1人がカバーする

# 第2章

# いいチーム、悪いチームの見分け方【中級編】

## ——「攻守の切り替え」で見るべき4つのポイント

## 「攻撃の始まり」と「守備の始まり」を見る

前章では、チームの良し悪しを見分ける【基本編】を紹介した。本章では次のレベルに進み、サッカーにおける〝ある場面〟にクローズアップすることにしよう。

1999〜2003年、レアル・マドリードが銀河系軍団と呼ばれた時代があった。ジダン、フィーゴ、ラウール、ロベルト・カルロスら、そうそうたるメンバーがピッチに並び、当時のサッカー界で最も輝いていたチームだった。

その時代にレアルを率い、UEFAチャンピオンズリーグ（CL）優勝をもたらしたのが、スペイン人のビセンテ・デルボスケ監督である。

口元にヒゲをたくわえ、一見ただのお爺ちゃんだが、スター選手を気持ちよくプレーさせ、かつ規律も守らせられるという意味で稀有《けう》な監督である。現在はスペイン代表を率いている。料理人でたとえるなら、かつては世界的な5つ星のホテルに勤め、いまは大統領の料理人を任されている、とでもなるだろうか。

デルボスケがスペイン代表の監督に抜擢される直前、マドリードにある彼の自宅で話を聞くことができた。

「いいチームを見分けるには、どこを見ればいいですか？」

そう質問すると、リビングに飾られたCLの優勝杯「ビッグイヤー」のレプリカを前に、デルボスケはこう答えた。

「『守備の始まり』と『攻撃の始まり』を見なさい。チームとしてどうやって守備を始めるか、どうやって攻撃を始めるかをね」

「攻撃の始まり」と「守備の始まり」――。

この2つの「始まり」がサッカーにおいては非常に重要だ、と彼は言いたいのである。

では、デルボスケが言う「始まり」とは、いったいどんな場面を指すのだろうか？

サッカーは通常、次の4つの場面に分けられる。

**場面1　自分たちがボールをキープ　（攻撃のとき）**
**場面2　相手がボールをキープ　（守備のとき）**
**場面3　自分たちがボールを奪った瞬間　（守→攻の切り替え）**
**場面4　相手にボールを奪われた瞬間　（攻→守の切り替え）**

場面1と場面2は、とくに説明する必要はないだろう。第1章の【基本編】で説明した、誰もがイメージするところの「攻撃」と「守備」のことだ。

チームの見方を基本から中級にレベルアップするためには、場面3と場面4に注目することが必要だ。いわゆる「攻守の切り替え」と呼ばれるものである。

ボールを奪った瞬間、もしくは奪われた瞬間というのは局面がダイナミカルに転じる瞬間であり、両チームともに陣形が整っていないことが多い。つまり、それだけビッグチャンス、もしくはピンチになりやすいということだ。そのため、普通に攻めているとき、守っているときとは違う「着眼点」が必要になる。

この場面3（守↓攻の切り替え）と場面4（攻↓守の切り替え）が、デルボスケが言うところの「攻撃の始まり」と「守備の始まり」に対応している（このほかにデルボスケは、GKがゴールキックを蹴るといった、主審がゲームを止めたあとのプレーの再開も含めているが、テーマをはっきりさせるためにここでは除外する）。

## 「守備の始まり」の2つのチェックポイント

前置きが長くなったが、この章では、「攻守（守攻）の切り替え」に限定した「チームの良し悪し」の見分け方を取り上げることにしよう。文字どおり「切り替え」には速さが大切だが、それに加えて「どう戻るか」「どう前へ出るか」といった動きの質が求められる。

**攻撃から守備への切り替え（＝守備の始まり）**

①攻撃の布石として、ボールの後ろに素早く戻れているか？
②「守備は狭く、攻撃は広く」ができているか？

**守備から攻撃への切り替え（＝攻撃の始まり）**

③各選手が2秒以内にプレーしているか？
④ボールを使った休憩（攻撃の緩急）ができているか？

早速、「攻撃から守備への切り替え」（守備の始まり）から見ていこう。

「守備の始まり」のチェックポイント①

## 攻撃の布石として、ボールの後ろに素早く戻れているか？

相手にボールを奪われた瞬間にする、最も重要なことは何だろう？

一番いいのは、ボールを失った張本人が責任をとるためにボールを奪い返しにいくことだ。たとえ奪い返せなかったとしても、味方が陣形を整える時間を稼ぐことができる。

では、ほかの選手に必要なことは？

それが、「ボールの後ろに素早く戻る」ということだ。ここで「ボールの後ろ」とは、選手から見て、ボールがある位置より自陣側のエリアということである。

**○　守備になったとき、ボールの後ろに素早く戻っている**

**×　守備になったとき、前方にいる選手の戻りが遅い**

何を当たり前のことを言っているんだと思われるかもしれないが、じつはこれは「攻撃のための守備」という意味で非常に大切なポイントだ。

言葉だけではイメージがつかみづらいので、図9を見てほしい。

ボールを奪われた瞬間というのは、攻撃していた選手たちはなるべく早く自陣方向（＝後ろ）に戻り、ボールとゴールのあいだにブロックをつくるのが望ましい。ボールの位置にセンターラインと平行に線を引いたとしたら、そのラインよりも自陣ゴール側に戻って、守備に参加しろということだ。

相手ゴール前に走り込んで心拍数が180近くになっているときに、素早く戻れというのは酷な話だ。しかし、そういうきついときにこそ、チームの完成度が表れるのである。

ここで注目してほしいのは、ボールより後ろに戻ることには、守備面だけでなく攻撃面でも大きなメリットがあるということだ。

相手がこちらの守備にひっかかり、ボールを奪い返した場面を想像してみよう。

もしボールより前にFWやMFが残ったままだと、多くの場合、その選手は味方からのパスを立ち止まった状態で待つことになる（DFラインの裏にパスが出れば、この場合でもFWは前に走れるが、裏へのパスは相手も警戒しているので、簡単には通らない）。

この場合、たとえパスを受けられたとしても、よほどの個人技がないかぎり、反転して前へドリブルするのは難しい。ボールをキープして、自分より後方にいる誰かにパスするのが関の山だ。

しかし、もしボールよりも後ろに戻っていたらどうか。

勢いよく前方に走り出してボールを追い越し、スピードに乗った状態でパスを受けられるはずだ。前を向いているので、ドリブルしてシュートも打てるし、スペースに走り込もうとしている味方にパスしてもいい。立ち止まっているFWより、はるかに危険な存在になれる。

## 図9　守備になったときの戻りをチェック

×
守備になったとき、
前方にいる選手の戻りが遅い

▼

守備のブロックの
完成が遅れる

○
守備になったとき、ボールの
後ろに素早く戻っている

▼

守備のブロックが
素早く完成する

▼

もしボールを奪えれば
攻撃に切り替わったときに
選手がスピードに乗って
前に行ける

○ ボールを奪ったとき、FWが相手ゴールに向かって走り出す

× ボールを奪ったとき、すべてのFWが相手ゴールに背を向け、立ち止まっている

第3章で詳しく説明するが、一般的にDFにとっては、自陣で相手を迎え撃つより、自陣に戻りながら守備をするほうがはるかに難しい。つまり、選手がどんどんボールを追い越してパスを受けることができれば、得点チャンスが広がるということだ（詳しくは第3章の突破攻撃のチェックポイント②にて）。

前線で相手DFにマークされていると、せっかく味方が攻撃のビッグウェーブを起こしても、波に乗ることができない。一方、ボールより後ろに戻っていれば、前に勢いよく走り出せるので、ビッグウェーブにうまく乗っかることができるのだ。助走をつけるために戻ると考えればわかりやすいだろう。

ブンデスリーガのバイエルン・ミュンヘン戦のテレビ中継で、解説者の風間八宏氏はこう指摘した。

「バイエルン・ミュンヘンは、ボールの後ろに戻るのが極めて速いですよ。ルイス・ファン・ハール監督が、組織を植えつけようとしていることがよくわかりますね。だからボールを奪い返したときに、勢いよく前へ出ていけるんです」

攻→守の切り替えのレベルをチェックするには、「ボールの後ろへの戻り」に注目すればいいのである。

## 図10　相手からボールを奪ったときの動き出しをチェック

ボールを奪ったとき
FWが相手ゴールに背を向けて
パスを待っている

▼

前方にパスコースがなくなり、
ボールを前に運べなくなる。
つまり、素早いカウンター
にはならない

ボールを奪ったとき
FWが相手ゴールに
向かって走り出す

▼

常に誰かがボール保持者を
追い越していくので
波状攻撃を仕掛けられる

「守備の始まり」のチェックポイント②

## 「守備は狭く、攻撃は広く」ができているか？

ボールを奪われたとき、ボールの後ろに素早く戻ると、攻守において一石二鳥であることをポイント①で説明した。ただし、ここで注意が必要だ。

戻るといっても、やみくもに戻ればいいというわけではない。たとえば、選手の戻るエリアに偏りができると、どこかにスペースが空いてしまう。それがゴール前中央の大事なエリア（バイタルエリア）だったりすると、即、危険なパスを通されてしまうだろう。

では、攻撃から守備に切り替えるとき、選手はどう戻ればいいのだろう？

じつはサッカー界には、攻守の切り替えでどう動くべきかをシンプルに表した言葉がある。それは「守備は狭く、攻撃は広く」というものだ。

ここで「守備は狭く」とは、選手がフィールドの中央方向にぎゅっと集まるということだ。サッカー用語では「中央に絞る」とも言う。これを心がければ、第1章の守備のチェックポイント②で紹介した「ゴール前中央を空けていないか？」を自然と満たすことができる。また、味方が近くにいるので、ひとりが抜かれても別の選手がカバーできるというメリットがある。

もし、選手が横に広がったままだと、ブロックに隙ができるのと同時に、中央も手薄になり、カウンターの餌食になる可能性が高まってしまう。どんな一流チームだろうが、守備に切り替わったときには、

## 図11 「守備は狭く、攻撃は広く」が大原則

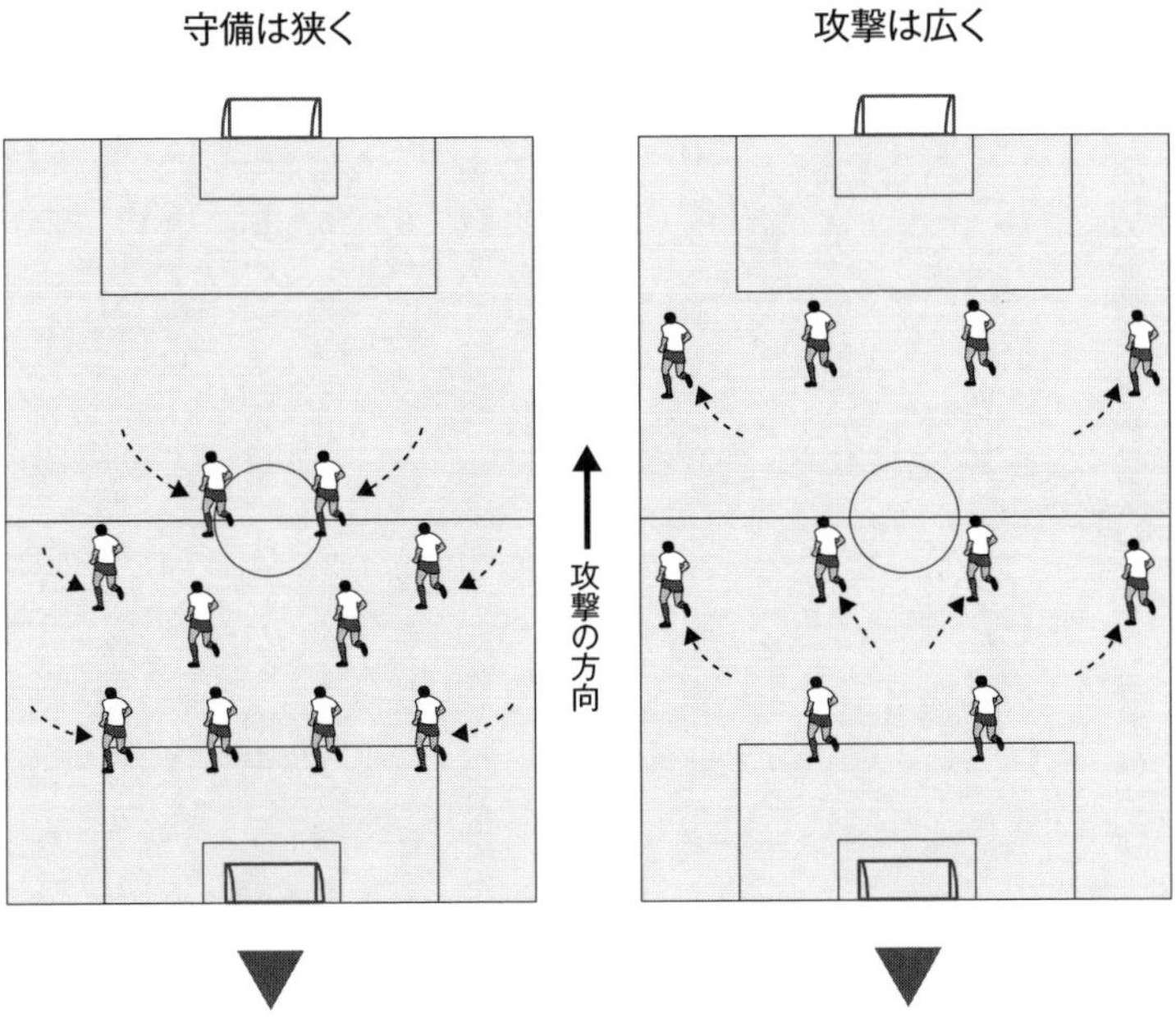


・ゴール前中央をブロックできる
・味方が近くにいるのでひとりが抜かれてもカバーできる

・パスコースが増える
・相手の守備を広げ、ゴール前中央にスペースをつくれる

この鉄則を意識しなければいけない。

一方、「攻撃を広く」は、すでにみなさんお気づきだと思うが、守↓攻の切り替えにおける鉄則である。本来ならば「攻撃の始まり」に分類すべきだが、「守備は狭く」とワンセットで語られるのが一般的なので、ここで説明することにした。攻撃に切り替わったときに選手が横方向に広がることで、自分たちのパスコースが増える。加えて、相手の守備を横に広げて、中央にスペースを生み出すことが期待できる。たとえば、優れたサイドアタッカーがいるオランダ代表は、「攻撃を広く」することにとくにこだわっているチームだ。攻撃になると、左右のサイドラインぎりぎりに、選手がポジションをとる。

スタジアムでサッカー観戦するときは、風船が膨らんだり縮んだりするイメージで、フィールドプレーヤーを眺めるといいだろう。


「攻撃から守備への切り替え」の2つのポイントをまとめておこう。

ボールを奪われたら、①素早くボールの後ろに戻り、かつ②守備を中央方向に狭くする。「守備の始まり」では、この2点をチェックすればいい。

## 「攻撃の始まり」の2つのチェックポイント

ここまでは「攻↓守」の切り替えを見てきたが、これはボクシングで言うなら、パンチを出したあとに、いかに防御するかという「受け身」の技術論だ。相手がパンチを出してきたときに繰り出すカウンター、すなわち「守→攻」の切り替えにこそ、場面チェンジの醍醐味があるだろう。
それでは次に、「守備から攻撃への切り替え」に入りたい。

「攻撃の始まり」のチェックポイント①

## 各選手が2秒以内にプレーしているか？

守備から攻撃に転じるとき、一番効果的なのは、相手の陣形が整う前にゴール前に雪崩《なだ》れ込むことだ。いわゆるこれが「カウンターアタック」である。普通だったら相手のブロックを壊すのに四苦八苦するのに、すでに崩れている状況が目の前に転がっている。こんなおいしい状況は、ほかにはないだろう。なるべく早くシュートまでもっていくのがベストだ。

では、時間にすると何秒くらいが目安になるだろう？

一般的には、約10〜15秒以内にシュートまでもっていくのがいいと言われている。たとえば2002年日韓W杯では、ゴールの75％がボールを奪ってから15秒以内にシュートを打ったものだ。カウンターを成功させるために必要なのは、ボールを受けた選手がすぐに判断を下して、次の選手にパスするスピードだ。

攻撃が速いことで有名なイングランドのプレミアリーグでは、ひとりあたりの平均プレー時間は1・4〜1・6秒と言われている。もちろんドリブルを選択すると、ひとりで5秒以上キープすることもあるが、1タッチで小気味よくパスを回すと、だいたいこれくらいの短さになる。

これがいかに速いかは、Jリーグの試合でひとりあたりのプレー時間を数えてみればわかるだろう。ほとんどの選手が、パスするまでに3～4秒かかっている。

### ○ まわりにパスコースがあり、2秒以内にパスを出せる

### × 連携不足のため、パスを出すまでに4秒以上かかる

もちろんまわりの選手の協力がなければ、いくら判断を速くして行動に移そうと思っても、秒数を縮めることはできない。まわりが走ってパスコースをつくっているからこそ、すぐにパスを選択することができる。つまり、第1章の攻撃のチェックポイント①「ボール保持者のまわりで、アクションを起こしている選手がいるか？」と大きく関係している。

2008年5月、ドイツ代表のヨアヒム・レーブ監督は、ドイツ公共放送ZDFの『スポーツスタジオ』に出演したとき、こう語った。

「ドイツ代表は2005年の時点では、パスを出すまでに2・8～3・2秒かかっていました。それが2007年3月のチェコ戦では、1・6秒までに短縮していたんです。これは、パスコースをつくるための選手のポジショニングが格段にレベルアップしていることを意味しています。ボールがないところでの動きは、ずっと取り組んできた課題でした。私たちはひとつのチームとして確実に成長しているんです」

相手からボールを奪ったとき、ボール保持者が何秒で次の選手にパスをするかをカウントしてみよう。

## 図12　パスを出すまでの時間をチェック

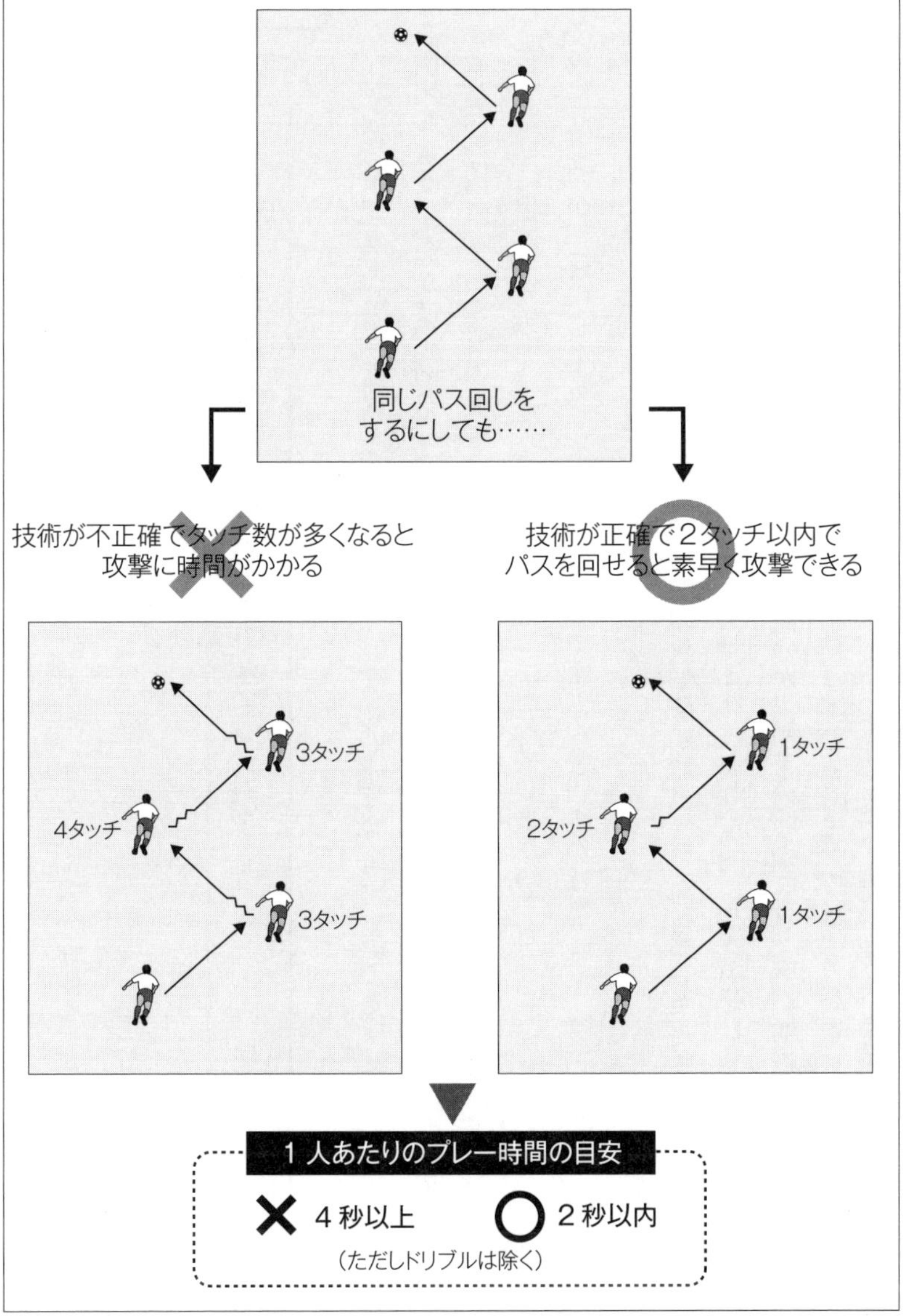
同じパス回しを
するにしても……
技術が不正確でタッチ数が多くなると
攻撃に時間がかかる
技術が正確で２タッチ以内で
パスを回せると素早く攻撃できる
3タッチ
4タッチ
3タッチ
1タッチ
2タッチ
1タッチ
１人あたりのプレー時間の目安
✕　４秒以上
○　２秒以内
（ただしドリブルは除く）

ストップウォッチなんて必要ない。頭の中で1、2、3……と数えてみればいい。
ひとりあたりのプレー時間がだいたい2秒くらいだったら、そのチームの守備から攻撃の切り替えは、なかなかのレベルだ。

「攻撃の始まり」のチェックポイント②

## ボールを使った休憩（攻撃の緩急）ができているか？

しかしながら、サッカーは常に同じことをすればいいほど単純ではない。ここでひとつ、ぴったりなことわざを引用しよう。「急がば、回れ」。サッカーというのは駆け引きのスポーツだ。常に守備から攻撃の切り替えを急げばいいというものではない。何度も言っているように、選手の体力は無尽蔵ではなく、ボールを奪うたびに急いで攻めていたら、いつかガス欠になってしまうからだ。

そこで役に立つのが、前に急がず、じっくりと後方でボールを回す作戦だ。

これをサッカー界では、「ボールを使った休憩」と呼んでいる。

ボールを相手から奪った選手は前方を見て、仲間の攻撃陣が疲れていると感じたとき、もしくはチャンスになりづらいと判断したときは、「休憩」を選択すべきだ。たとえば、FWがひとりしか前に走っていないのにパスを出しても、よほどそのFWの能力が高いか、相手の守備ブロックが崩壊している場合を除いて、孤立してボールを奪われてしまうのがオチ。FWの体力を消耗するだけでなく、相手にカウンターのチャンスを与えかねない。

これこそが、サッカーにおける緩急である。

ポルトガルの名将モウリーニョは、著書『ジョゼ・モウリーニョ』（講談社）でFCポルトを率いていた時代の戦術をこう綴っている。

我々が採用していたプレースタイル（注：ボールを追いかけ、相手にプレッシャーをかけるプレッシング・サッカー）では、休憩がどうしても必要だった。そうしないと試合終了まで体力がもたなかったのだ。そして一番いい方法、一番リスクが少ない方法が、ボールをもっているときに休むというやり方だった。ナシオナル戦では、この戦術が、ほぼ完璧に近い形で、かなり効果的に実践できた。大切なのは、プレッシャーをかけるときと休むときの緩急の使い分けだった。また、休むにしても、ただボールを保持すればいいというのではなく、積極的に休もうとする姿勢が重要だった。ポゼッションをするためのポゼッションであり、本当の意味での休憩ではない。だが、ボールを足元においていれば、ゲームを支配することになるし、走る必要がないので、必然と体力を回復できたのだ。

守備から攻撃の切り替えでは、①なるべく速く攻める一方で、②状況を見て後方でパスを回し休憩する。「攻撃の始まり」では、この2つの選択肢を使い分けているかをチェックすれば、チームの駆け引きのレベルを測ることができる。Jリーグでは鹿島アントラーズやFC東京が、こういう駆け引きがうまい。

以上、この章の「切り替え」の4ポイントを満たしていれば、そのチームは〝中級以上〟と言っていいだろう。

## ミニコラム　強いチームが用意する「緊急避難」のパス

DFラインでボールを回しているとき、前にパスコースがなく、相手のプレスに追い詰められてしまうことがよくある。そんなときの対応策として、「緊急避難のパス」を用意している監督がいる。アトレティコ・マドリードを率いるキケ・フローレス監督だ。

その緊急避難のパスとは、相手陣地のサイドのエリアにロングボールを蹴りこむというもの。ただし、このとき同サイドのMFが自陣に戻って相手を引きつけ、スペースをつくるようにする。そして、そこにFWが走り込んで、ロングボールを受けるのだ。

ただクリアするより、はるかにパスがつながる確率を高められる。

〈サイドバックからの緊急避難のパス〉

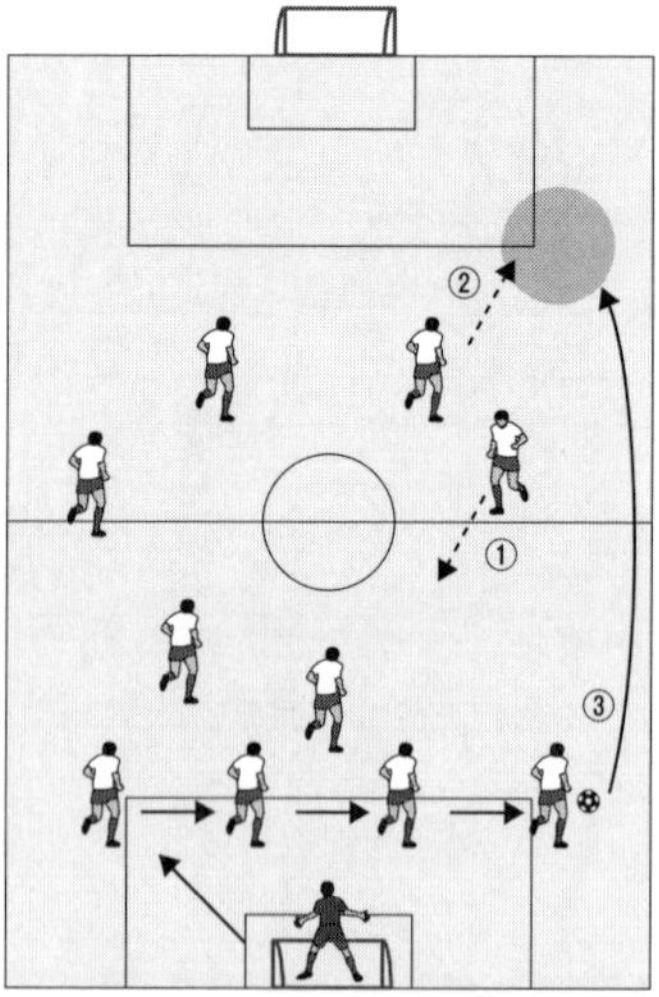


① 右MFが相手を引きつけて前にスペースをつくる → ② 右FWがそこに走り込む → ③ 右サイドバックがロングパスを出す

# 第3章

# いいチーム、悪いチームの見分け方【上級編】

## ――ゴールを決めるために大切な2つのポイント

## 「アタッキング・サード」の重要性

日本代表の試合をテレビで見ていて、こうヤキモキしたことはないだろうか。

「パスはよく回っているけど、ゴールが入る気がしない」

そんなとき、たいてい陥っているのが、相手が守備を固めたために、なかなかゴール前のエリアに入っていけないという状況だ。

攻撃側はゴール前に侵入したいが、マークが厳しくスペースもないため、無難な横パスしか出せなくなってしまう。そう、「はじめに」で説明したような、ボールが横方向にしか動かない状態に陥っているのだ。

一般的にゴール前は、ピッチ上で最もマークが厳しいエリアだ。

相手は必死になってボールを奪いにくるので、ひとつのプレーに許される時間は極端に短い。まして相手がゴール前にコンパクトなブロックをつくったら、さらに時間は短くなってしまう。

サッカーの専門用語に、「アタッキング・サード」という言葉がある。ピッチを3分割にして、自陣に近い側から「ディフェンシブ・サード」「ミドル・サード」「アタッキング・サード」と呼ぶ。

この「アタッキング・サード」は相手ゴールに一番近い場所で、自分たちが得点をとるために最も重要なエリアになる。

おそらく英語の「Attacking in the Final Third」（ラスト3分の1のエリアでの攻撃）という言葉から生まれた和製英語だと思われるが、指導者が選手に説明するときにわかりやすいので、日本ではキーワード

## 図13　ピッチを3分割する

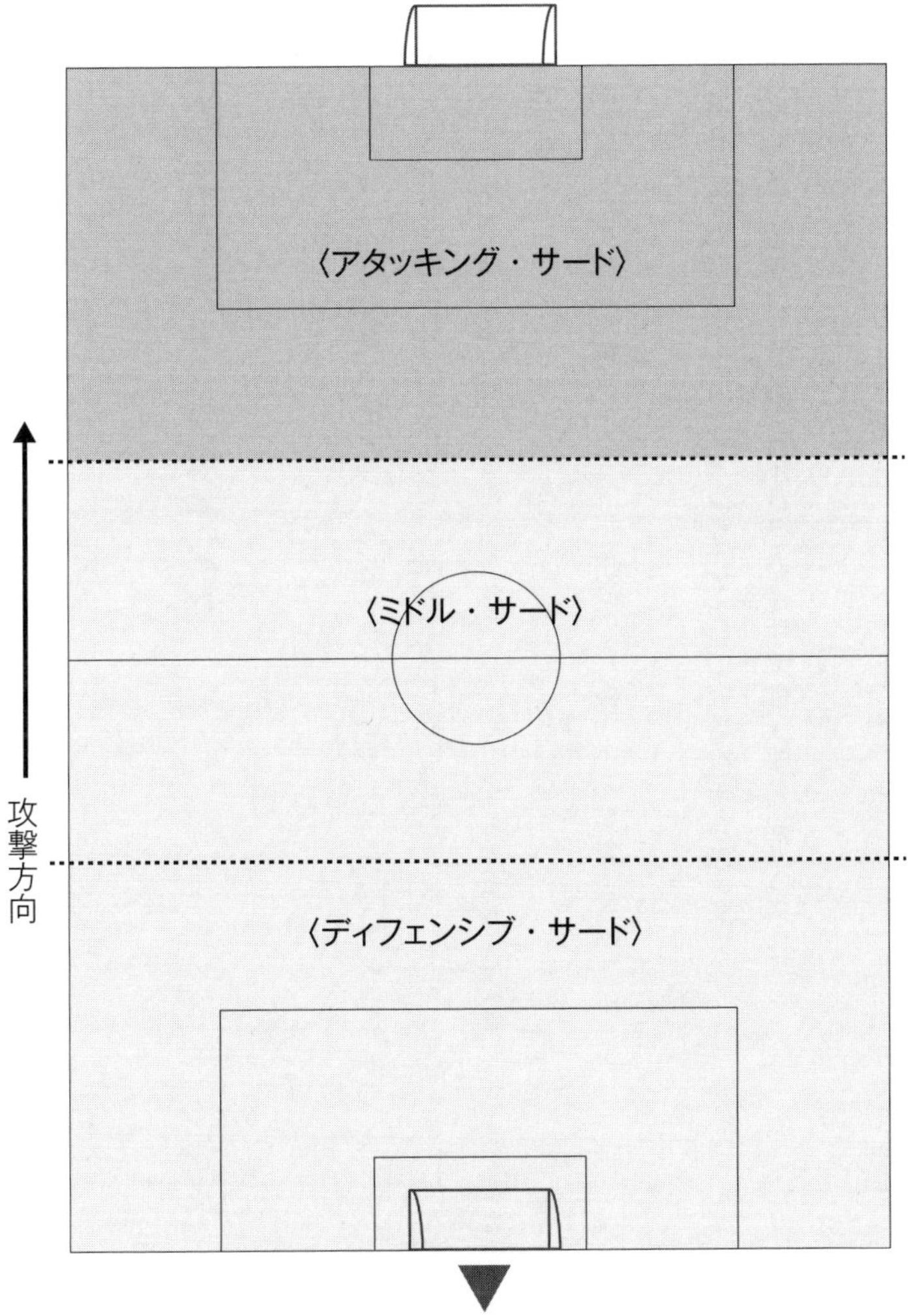


得点できるかは、いかにアタッキンング・サードを
攻略できるかにかかっている

としてよく使われている。

本書ではなるべく専門用語を排除したいので「アタッキング・サード」という言葉は極力使わないが、名前がつけられるくらい重要なエリアなのだ。

## 突破攻撃の2つのチェックポイント

前置きが長くなったが、本章のテーマは次のものだ。

「相手がゴール前に守備ブロックをつくったときに、どうやって攻撃するか?」

どんなチームでも訓練すれば、守備の組織力は、ある程度のレベルまで引き上げられる。しかし守備はよくても、ゴールできなければ勝てないのがサッカーだ。そこからさらに強いチームになれるかは、相手が守備を固めたときにいかにゴールできるかにかかっている。

ここで、第1章であげた攻撃のポイントを念のため復習しておこう。

**①ボール保持者のまわりで、アクションを起こしている選手がいるか?**
**②クロスに対して、相手ゴール前に飛び込む選手が何人いるか?**

もちろんこれは、相手が守備を固めたときにも有効で、いかなるときにも攻撃で意識しておくべき鉄則の基礎だ。この章では、さらにハイレベルな攻撃を想定して、ゴール前にスペースがない状況でのチェックポイントをあげよう。

相手チームが守備を固めたとき、どうすればゴールを決める確率を高められるか。ポイントは2つある。

**① 縦パスが入っているか？**

**② DFを下がらせながら攻撃できているか？**

この2つのポイントのうち、ひとつでも条件を満たすことができれば、ゴールのチャンスはぐんと増える。

それでは①から説明していこう。

## 縦パスが入っているか？

「縦パス」とは、DFラインや中盤にいる選手がゴール前のエリアにいる選手に出す縦方向のパスのことだ。一般的に縦パスは地面を転がるゴロのパスで、ゴール前に放り込むロングボールは縦パスとは呼ばない。

ロングボールは泥臭いイメージがついているが、縦パスはもっとエレガントなイメージだ。ロングボールよりも高い技術が要求される。たとえプロでも、誰でも縦パスを出せるわけではない。

基本的に縦パスが狙うエリアは敵陣ゴール前。相手がうようよいて、最もマークが厳しいエリアだ。その相手のチェックをかいくぐってパスを通すには、出し手の針の穴を通すような正確なパスと、受け手の足元にピタリと止めるトラップが必要になる。

しかし、いくつもの障害を乗り越えていったん縦パスが通れば、大きなチャンスになる。ゴール前でパスを受けた選手はドリブルをしてもいいし、パスをしてもいいし、もちろんシュートも打てる。相手があわててプレーを妨害しようとマークに来れば、ほかの場所にぽっかりスペースが空くことになる。

とにかく縦パスが入ると一気に局面を打開できる。いわゆる「攻撃にスイッチを入れる」というやつだ。だから、縦パスを出せる選手は非常に貴重である。

かつて日本代表でこのプレーを得意にしていたのが中田英寿だった。

リスクを負う勇気と、正確な技術をもっており、相手守備陣を切り裂くような縦パスで何度もチャンスをつくった。中田英寿は縦パスを通すために、チームメイトがボールを拾ったら、すぐに自分にボールを預けるよう要求していたという。0・01秒でも早くプレーをすれば、まだ相手の守備に隙があり、縦パスを通しやすいからだ。

たとえば、2006年ドイツW杯・アジア地区最終予選の大一番のアウェーでのバーレーン戦——。中田英寿が密集地帯に鋭い縦パスを出し、それを中村俊輔がヒールで流して、小笠原満男がミドルシュートを決めた。

当時はまだ「攻撃のスイッチを入れる」という表現は一般的ではなかったが、最近は日本代表の岡田監督や、Jリーグの監督たちが頻繁に使うようになっている。

## 図14　縦パスは「攻撃のスイッチ」になる

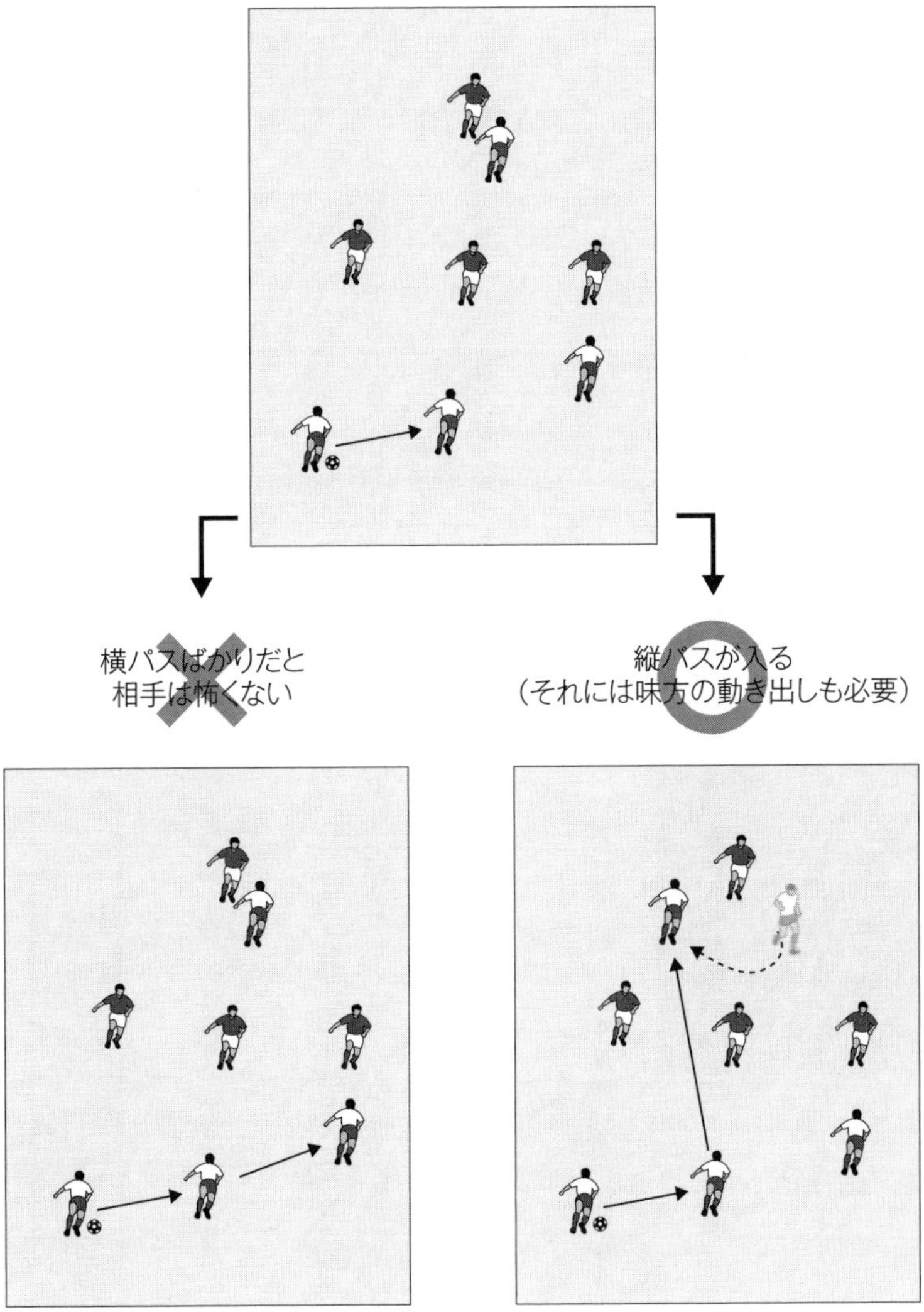
横パスばかりだと
相手は怖くない
縦パスが入る
（それには味方の動き出しも必要）

突破攻撃のチェックポイント②

## DFを下がらせながら攻撃できているか？

第2章では、「守→攻の切り替え」を速くすることで、優位な場面をつくれることを紹介した。相手のブロックが整う前に攻めてしまおうという戦法である。

しかし、相手だってバカではない。組織的によく訓練されたチームならば、こちらが「守→攻の切り替え」を速くした分、守備に戻るのを速くするはずだ。そう簡単に、相手のブロックがスカスカという状態にはならない。

ただし、相手の人数がゴール前にそろっていても、「ある状態」のときだけはこちらに大きなチャンスがある。

それは相手のDFが、自陣ゴールに向って走りながら守っている状態だ。相手が攻撃者に背を向けてしまっているのが特徴である。イメージしやすいように、さらに言い換えると、「相手DF」と「自分たちのFW」が追いかけっこでもしているかのように同じ方向に走っている状態。つまり、「DFラインが下がりながら、守備をしている」ということである。

図15を見てほしい。こちらが左サイドから素早く攻め込んだとしよう。Aは相手DFがゴールに向かって走りながら守備をしている場合、Bは相手DFが待ち伏せしている場合だ。

通常、DF陣というのは自分たちのゴールを背にして待ち構える状態で守備をする。ボールと走り込ん

## 図15　DFを下がらせながら攻撃できているか？

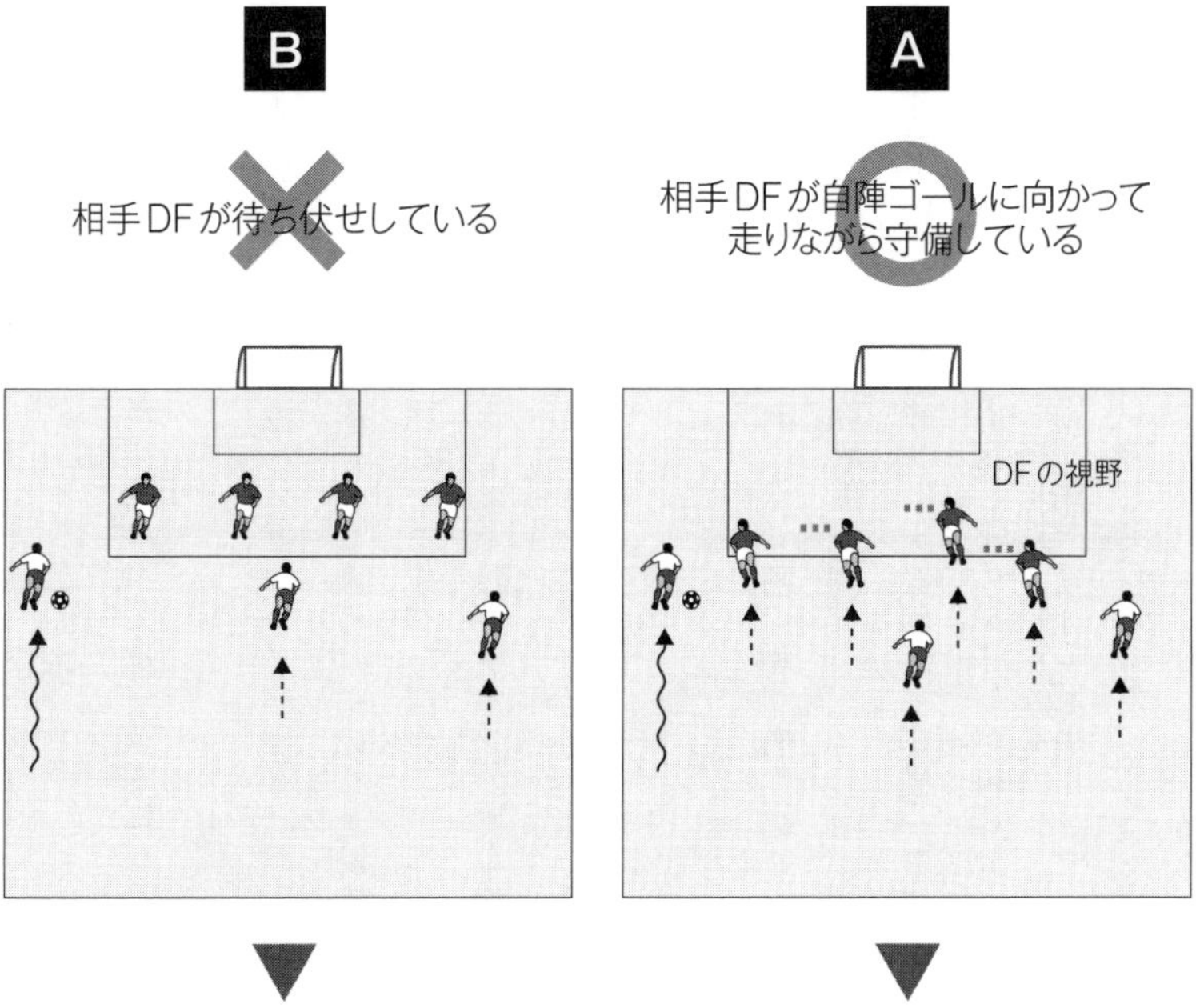
B
相手DFが待ち伏せしている
A
相手DFが自陣ゴールに向かって
走りながら守備している
DFの視野

相手にとっては
ボールと敵を同時に
視野に入れられるので
守りやすい

相手にとっては
ボールと敵を同時に
視野に入れるのが
難しくなり、守りづらい

でくる相手を同時に視野にとらえられるので、相手の攻撃をはねかえしやすい。つまり、Bの場合、相手DFたちは、余裕をもって対応することができる。

それに対して、DFが自陣ゴールに向かって走る状態になるとどうか。

もうDFたちに余裕はない。

たとえば左サイドにボールがあると、センターバックはそちらに顔を向けながら走ることになり、それぞれの背後に大きな「死角」が生まれてしまう。そのうえ味方の位置も把握しづらくなるので、人数はそろっているのにブロックは穴だらけということになる。

ドリブルで突破しても、ロングボールでDFラインの裏を狙っても、相手陣内でボールを奪ってカウンターを仕掛けてもいい。とにかくDFラインを下がらせながら攻撃できれば、得点の可能性は一気にアップするのだ。

ゴール前にたくさんの相手がいたとしても、それが「待ち伏せ状態」なのか、「追いかけている状態」なのかで得点の可能性は大きく変わってくる。相手DFの走っている方向をマイナスに転じさせられるかは、相手の守備が組織的なときに極めて重要だ。

サッカー中継を見ているときにオススメなのが、守備をしているチームの「背番号」に注目することだ。もし守備側のDFの背番号が見えれば、その選手は自陣に向って走っていることを意味する。

応援しているチームが攻撃のとき、相手DFの背中はどちらを向いているか。もしくは相手が攻めてきたときに、自分たちのDFは待ち伏せできているか。攻守両面で、この見方を使ってみてほしい。

ここまで第1章から第3章まで、「いいチーム・悪いチームの見分け方」と題して、4＋4＋2＝10のポイントをあげてきた。

第1章
攻　①ボール保持者のまわりで、アクションを起こしている選手がいるか？
攻　②クロスに対して、相手ゴール前に飛び込む選手が何人いるか？
守　③DFからFWまでをコンパクトに保てているか？
守　④ゴール前中央を空けていないか？

第2章
攻↓守　①攻撃の布石として、ボールの後ろに素早く戻れているか？
攻↓守　②「守備は狭く、攻撃は広く」ができているか？
守↓攻　③各選手が2秒以内にプレーしているか？
守↓攻　④ボールを使った休憩（攻撃の緩急）ができているか？

第3章
攻　①縦パスが入っているか？
攻　①DFを下がらせながら攻撃できているか？

## 図16　チームの良し悪しを見分ける10のチェックポイント

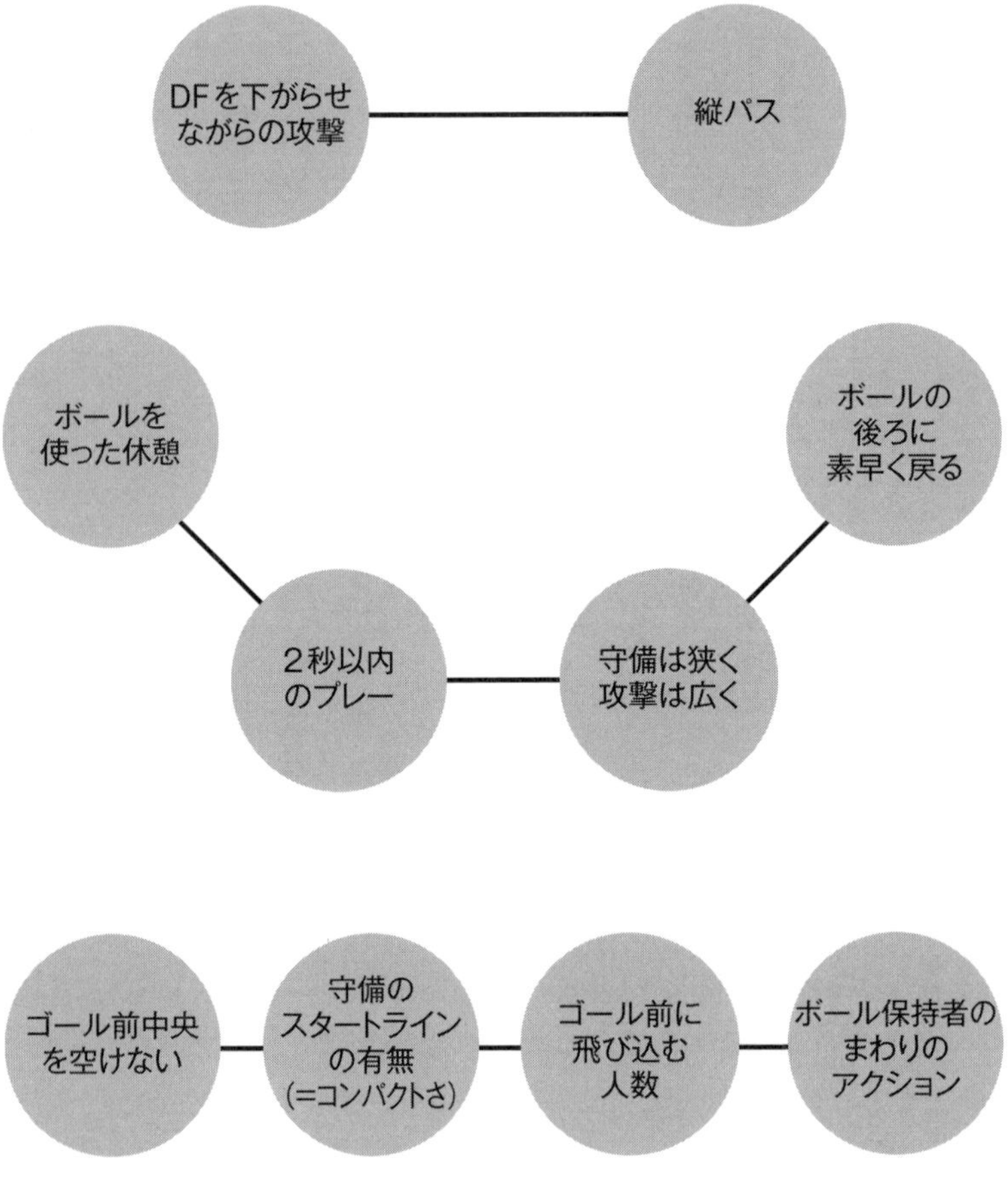
DFを下がらせ
ながらの攻撃
縦パス
ボールを
使った休憩
ボールの
後ろに
素早く戻る
2秒以内
のプレー
守備は狭く
攻撃は広く
ゴール前中央
を空けない
守備の
スタートライン
の有無
(=コンパクトさ)
ゴール前に
飛び込む
人数
ボール保持者の
まわりの
アクション

野球界の名将・野村克也氏（ヤクルト、阪神、楽天などの監督を歴任）は自著『野村ノート』（小学館）の中で、野球における原理原則のことを〝偉大なる常識〟と呼んだ。この4＋4＋2＝10のポイントは、まさにサッカー版の〝偉大なる常識〟と言っていいだろう。

まずはウォーミングアップがてら、日本代表の試合にでも当てはめて、ひとつずつ試してみてほしい。ゴール前のダイナミックなシーンだけでなく、ちょっとした攻守の駆け引きを味わえるようになるはずだ。

# 第4章

# いい選手、悪い選手の見分け方【FW・MF編】

## 世界一スカウティングに優れたクラブは？

前章まではチームの良し悪しを判別する見方をクローズアップしてきた。しかし、サッカーはチームスポーツであると同時に、個人の1対1の勝負が鍵をにぎるスポーツでもある。第4章でFWとMF、第5章でDFとGKの良し悪しを見分けるポイントを見ていこう。

そのときに、まず参考になるのがスカウトマンの視点だ。

才能ある選手を発掘する「スカウティング」という作業は、クラブにとって最も大切な業務のひとつである。とくに予算が限られた小さなクラブは、いかに誰もまだ目をつけていない場所から、知られていない金の卵たちを探し出してこられるかに未来がかかっている。

では、世界で最もスカウティングが優れているクラブはどこか？

それは、サッカーの母国イングランドのクラブでも、ワールドカップで欧州最多の4度優勝を成し遂げたイタリアのクラブでもない。

人口約1650万人の小国、オランダの名門クラブ、アヤックス・アムステルダムである。

オランダは九州ほどの面積しかなく、人口は東京都より少し多いくらいだ。この程度の国力で世界のクラブと戦おうと思ったら、いい若手を発掘し、ワールドクラスの選手に育てあげるしかない。

それゆえに、アヤックスはスカウティングに並々ならぬ力を注いでいる。

他クラブに先がけてアフリカや東ヨーロッパにスカウトマンを置き、世界中の才能ある若手たちをクラブが所有するコンピューターのデータバンクに登録してきた。

「年俸が1000万円くらいで、センターバックとサイドバックができ、23歳以下の左利きがほしい」

アヤックスでは監督がそう言えば、スカウトはすぐさまデータバンクを検索し、リストを提出することができる。

## 独自の選手評価システム「TIPSモデル」

そして、何といっても彼らの存在を知らしめたのは、独自の選手評価システムを築き上げたことである。選手の4つの能力をクローズアップして評価するシステムで、その頭文字をとって「TIPSモデル」と呼ばれている。

TIPSとは、以下の4つの能力だ。

**T　テクニック（基本技術）**
**I　インテリジェンス（戦術眼、洞察力）**
**P　パーソナリティ（性格、個性）**
**S　スピード（瞬発力、持久力）**

アヤックスのスカウティング・レポートのフォーマットには、TIPSそれぞれについて約50のチェック項目があり、計200もの能力がコンピューターに登録されている。

たとえば、T（テクニック）には「ドリブル」「パス」「トラップ」「両足の技術」「ヘディング」「シュート」といった項目があり、I（インテリジェンス）では「視野の広さ」「クリエイティビティ」「攻守の切り替え」「守攻の切り替え」などがチェックされる。

また、P（パーソナリティ）の項目では、第一に練習にマジメに取り組んでいるか、チームにおいて協調性があるかといった基本姿勢がチェックされる。選手である前に、ひとりの社会人としてきちんとしているかどうかということだ。いくら才能があっても、それを磨く忍耐力がなければ、一流のプロにはなれない。

続いて重視されるのが、

「試合中にカッとなって、冷静さを失うことがあるか」

「ミスしたあとに、繰り返しミスしてしまうか」

といった、90分間という限られた時間の中でのメンタルマネージメントだ。もちろんカッとなりやすいからといってリストから落とされるわけではないが、同じ技術をもっているなら、より冷静な選手がいいに決まっている。スカウトの中には「負けている試合で、どれだけがんばれるか」を、選手の取捨選択の基準にしている人もいる。

## スピードの重要性

ここで注目してほしいのは、4大能力の中に「スピード」が入っていることだ。

背の高さやフィジカルの強さは、テクニックやポジショニングによって多少カバーできる。しかし、スピードだけは天性のもので、あとからいくらトレーニングしても、誰もがカール・ルイスになることはできない。

瞬発力が優れていると、相手よりボールに早く触れるので、すべての局面で有利になる。アーセナルを率いる名将アーセン・ヴェンゲルは、「一定のスピードより速い選手しか獲得しない」という明確な方針を打ち出しているほどだ。

身体の能力の中で、サッカーにおいて最も重要視されるのは、背の高さでも胸板の厚さでもなく、足の速さ——とくに5～20mという短い距離でのスピードなのである。

とはいえ、元フランス代表のジダンのように、足が遅くても、それを補って余りあるだけの創造性をもった選手が時々あらわれるからサッカーはおもしろいのだが……。

そういう規格外の天才はともかく、サッカーにおいてはスピードが大事だということを頭に入れておこう。

さて、ＴＩＰＳという評価基準があるのはわかったが、これではちょっと細かすぎる。もっと気軽にサッカーを見ながら、「あの選手はいいのか悪いのか」と判別できるような、より実用的な基準がほしいところだ。それぞれのポジションにおける評価基準の中から一番大事なものを取り出して、紹介していくことにしよう。

## FWの2つのチェックポイント

FWというのはサッカー観戦の初心者にとって、選手の良し悪しを判別するのが最も簡単なポジションだ。なぜなら過去も現在も、そして未来もずっと、ゴールを決められるFWが一番だからである。

現代サッカーでFWに求められる役割は、大きく分けて3つある。

**① ゴールを決める**
**② ゴール前でボールをキープする（ポストプレー）**
**③ 守備時に相手にプレスをかける**

ただし、いくらポストプレーがうまかったり守備をがんばっても、ゴールを決められなければ一流のストライカーとは言えない。ゴールこそが、FWの存在証明の唯一の手段だ。

では、どんな動きをするFWならば、ゴールを決める確率が高いのか？

FWの得点力を測るには、2つのチェックポイントがある。

FWのチェックポイント①

## 「背中をとる動き」ができるか？

クロスが来るとき、たとえ身長１９０㎝のストライカーでも、何の工夫もなしにゴール前に飛び込んだら、決定的なシュートを放つのは難しいだろう。相手ＤＦも失点しまいと必死だからだ。得点の確率を上げたいなら、何かしらのアクションを起こす必要がある。

そこで一流のＦＷがよくやるのが、まずはＤＦの視界の中にいて、突然、背中側に回り込むという動きだ。それが「背中をとる動き」である。

たとえば、こちらがサイド攻撃をしかけたとき、相手ＤＦは基本的にクロスを見ることに集中しているので、視野の外に出ていく選手には対応が遅れる傾向がある。人間の背中には目がついていないから、相手の背後に回ってしまえば、もうこちらのもの。いいクロスが上がってくれば、ＦＷはマークに邪魔されずに、フリーでボールをとらえることができる。

当然、この「背中をとる動き」はクロスに対してだけでなく、味方からのパスを受けるときにも使える。パスをもらう直前に、マークしている相手の背中側にすっと移動して、パスを受けるのだ（ただし、パスの出し手と受け手の息がピタリと合わなければいけないので、実行するのは簡単ではない。その難しさは第８章で再び触れよう）。

話をクロスに戻すと、「背中をとる動き」のひとつに、ファーポストに走り込むというものがある。

サッカーでは、クロスを上げる出し手に近いポストを「ニアポスト」（もしくは第一ポスト）、遠いポストを「ファーポスト」（もしくは第二ポスト）という。この2つのポストのうち、どちらがより得点になりやすいだろうか？

答えはファーポストだ。

みなさんがDFになったとして、説明しよう。

まず、ニアポストにFWが走り込んできた場合を想像してほしい。あなたは、クロスを上げる「出し手」と目の前に走り込んできた「FW」を一度に視野に収められる。同時にボールと選手を見ることができるので、守る側からすればそれほど怖くはない。

しかし、FWがファーサイドに走り込んだらどうか。

あなたはボールを見ようと思ったら、背後に回り込んだFWを視野に収められない。一方、FWをチェックしようとすれば、逆にボールを見失ってしまう。つまり、クロスボールと背後のFWを同時に見ることは不可能だ。「背中をとる動き」とは、DFの死角をうまく利用する攻撃法なのである。

一度、スポーツカフェにでも足を運んで、欧州サッカーを見てほしい。クロスにおいてファーポスト側を使うのがじつにうまいことがわかる。DFからしてみれば、敵がファーサイドを狙っているのは十分わかっていても、速い試合展開の中で背後が疎《おろそ》かになる瞬間が出てくる。嗅覚をもったストライカーは、その一瞬を見逃さない。

ただし、ファーポストにクロスを上げるのは、ニアポストに上げるよりも技術的にはるかに難しいことも頭に入れておかなければいけない。

## 図17 「背中をとる動き」ができるか？

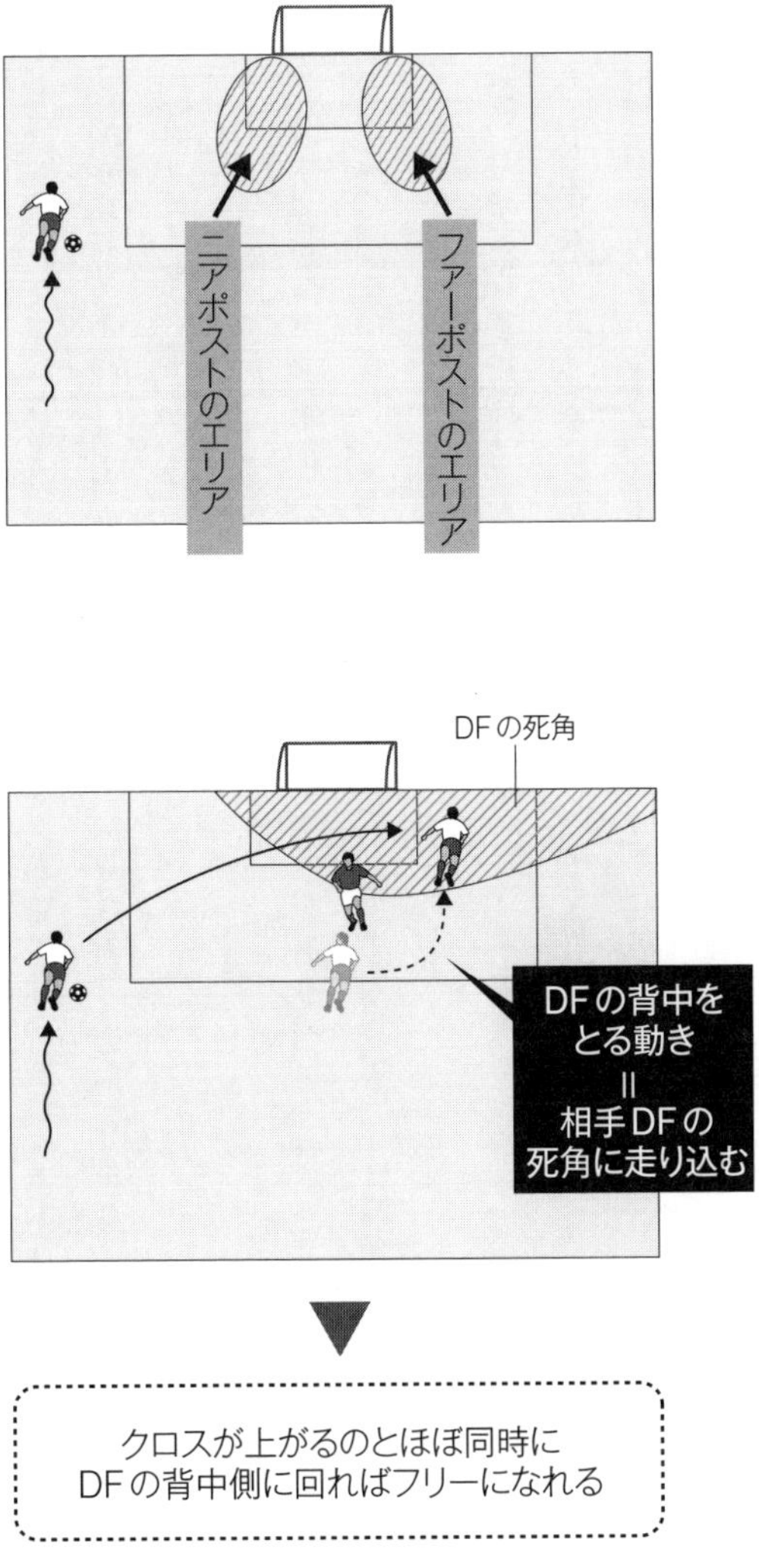
ニアポストのエリア
ファーポストのエリア
DFの死角
DFの背中を
とる動き
=
相手DFの
死角に走り込む

クロスが上がるのとほぼ同時に
DFの背中側に回ればフリーになれる

ファーポスト側にクロスを着地させるには、ボールがゴール前にいる相手DFの頭の上を越えなければいけない。ニアポストなら直線的なクロスでいいが、ファーポストにピンポイントで合わせようと思ったら、弧を描いた3次元的なクロスが要求される。それに相手DFが対応できないように、スピードのあるクロスでなければいけない。

残念ながら日本には、ドリブルしながらファーポストに正確で速いクロスを上げられるような選手が、まだまだ少ないのが現状である。それがイングランドのプレミアリーグになると、気持ちいいほど正確なクロスがどんどん上がってくる。

また、「背中をとる動き」の応用編として、バックステップがある。

超一流のFWになると、バックステップをうまく使って、相手を思いどおりに動かすことができる。それは次のような動きだ。

クロスが上がったら、まずFWはゴール前に全速力でダッシュする。しかしここで「相手DFがついてきた」と思ったら、急ストップするのだ。同時に、ゴールから離れる方向にバックステップする。うまくいけば、DFはゴール方向に走ったままで、自分だけがゴールから離れた方向に動き、マークが外れた状況が生まれる。すなわち、フリーでクロスに合わせることができる。

これが得意なのが、レアル・マドリードのクリスティアーノ・ロナウド（ポルトガル代表）だ。ドリブルの印象の強い彼だが、クロスに対する動きも超一流である。

とにかくパスだろうがクロスだろうが、相手がボールと自分を同時に視野に収められないように動けば、フリーでシュートを打てる確率がぐっと高くなる。

日本代表の中で最も「ＤＦの背後に回る動き」がうまいと言われているのが、サンフレッチェ広島の佐藤寿人《ひさと》だ。１７０㎝と身長には恵まれていないが、相手の視界から消えてしまえば、背の高さなど関係ない。一瞬のスピードで相手の背中側に回ったり、逆に背中側から出てきたり。ＤＦラインの裏に抜け出して、ワンタッチでゴールを決めるのを得意にしている。

バルセロナのメッシ（アルゼンチン代表）も、こういう動きが抜群にうまい。だから１６９㎝しかなくても、ウィングだけでなく、センターＦＷとしてもプレーできるのだ。

世界の小柄なストライカーは、ご多分にもれず、「背中をとる動き」に優れている。

FWのチェックポイント②

## 反転してシュートが打てるか？

ＦＷの仕事のひとつは、前線で体を張ってボールをキープすることである。相手ＤＦを背中でブロックして、ボールを足元からとられないようにする、いわゆるポストプレーだ。それはこの章の冒頭ですでに触れた。もしボールをキープできれば、味方が攻め上がってくる時間が生まれ、よりたくさんの人数で攻められるようになる。

当然ながら相手ＤＦはそれを防ごうとするので、相手ＤＦを背負ってボールをキープするのはそう簡単ではない。

たとえばフィジカルで劣る日本のFWは、ポストプレーが苦手でボールを失いがちだ。しかし、もし相手からの圧力をかいくぐってキープできれば、味方の攻め上がりの時間をつくることができ、チームにとって大きなプラスになる。

さらに一流のFWになると、ボールをキープしたうえで、ぐいっと反転して前を向くことができる。反転に成功すれば、もうゴールは目の前。フリーでシュートを打つことができる。

背中をとる動きを「柔」としたら、反転は「剛」とたとえられるだろう。

かつて「反転の達人」と言われたのが、「爆撃機」こと元ドイツ代表のゲルト・ミュラーだ。1974年西ドイツW杯では決勝ゴールを決め、2006年にブラジル代表のロナウドに塗り替えられるまではW杯通算得点記録(14得点)をもっていた。ドイツ1部リーグ(ブンデスリーガ)の最多得点記録(365点)は、いまだに破られていない。

ゲルト・ミュラーは身長175cmと、FWとしてはそれほど大きくない。にもかかわらず、屈強なDFを背負っても、おもしろいように反転してシュートを決めることができた。

その秘訣はどこにあったのか? ゲルト・ミュラーはこう説明する。

「同じくらい上手に、両方向に回転できることが大事。そうすれば、相手はどちらに回るか予想しづらくなるからね」

これができるようになるため、ゲルト・ミュラーは何度も右に左に回転してシュートを打つ練習をした。また彼は、「後ろを見なくても、ゴールがどこにあるかわかるようにした」とも言う。

もちろん、彼のストライカーとしてのよさはそれだけではないが、「反転力」がなければいくつものゴール記録は打ち立てられなかっただろう。

サッカー界には、「ＦＷの良し悪しを見分けるには、ケツを見ればわかる」という格言のようなものがある。お尻がガッチリとしていれば、ポストプレーで相手の寄せを弾き飛ばしてボールをキープできるし、そのまま反転してシュートを打てるからだ。

当然ながら「反転の達人」であるゲルト・ミュラーのでん部は、岩のように鍛え抜かれていたことは言うまでもない。彼は足や頭ではなく、尻でボールを叩いてゴールを決めたことがあるほどだ。

「背中をとれる」テクニック系のＦＷと、「ポストプレーができ、かつ反転できる」パワー系のＦＷがコンビを組めば、どんな屈強なＤＦラインでも抑えるのに手を焼くだろう。

もちろん世界のトップクラスになると、フランス代表のティエリ・アンリのように、ひとりでこの2つの能力を合わせもつＦＷがごろごろいるのだが。

## ＭＦの４つのチェックポイント

ＭＦは、攻撃も守備も求められるポジションだけに、必要とされる能力もじつに多様だ。

一般的には「攻撃的ＭＦ」と「守備的ＭＦ」に分けられるし、なかにはサイドをドリブル突破するスペシャリストもいる。だが、ここではあまり細かいことは気にせず、単純に「ＭＦ＝中盤にいる選手」として考えることにしよう。

ＭＦをチェックするポイントは４つある。

## 走っている選手の足元にパスを合わせられるか？（ミドルパスの技術）

サッカーにおいてミドルレンジのパスには、３段階の難易度がある。

一番簡単なのは、立ち止まっている選手にパスを出すことだ。目標が静止しているので、これで正確なパスを出せないようなら、プロにはなれない。

２番目に難しいのは、走っている選手の前のスペースに正確なパスを出すことだ。そのスペースがＤＦラインの裏なら、いわゆる「スルーパス」である。

選手がスペースに転がるボールに追いつけるように、パスのスピードとコースを調節しなければいけない。日本代表の試合で、中田英寿がスペースにパスを出したもののＦＷが追いつけない、というシーンを覚えている人も多いだろう。

だが、スルーパスよりも難易度の高いパスが、サッカーには存在することを忘れてはいけない。

最も難しいのは、走っている選手の足元にピタリと合わせるパスだ。

スペースに出すパスはＦＷが走って追いつければいいので、正確さが求められるといっても、ボールの大きさ２、３個分の誤差が許される。しかし、走っている選手の足元に合わせようと思ったら、ボール１個分ずれてもダメだ。選手の走るスピードと角度から、どこにパスを出すべきかを瞬時に計算し、さらに

図18　ミドルパスの難易度

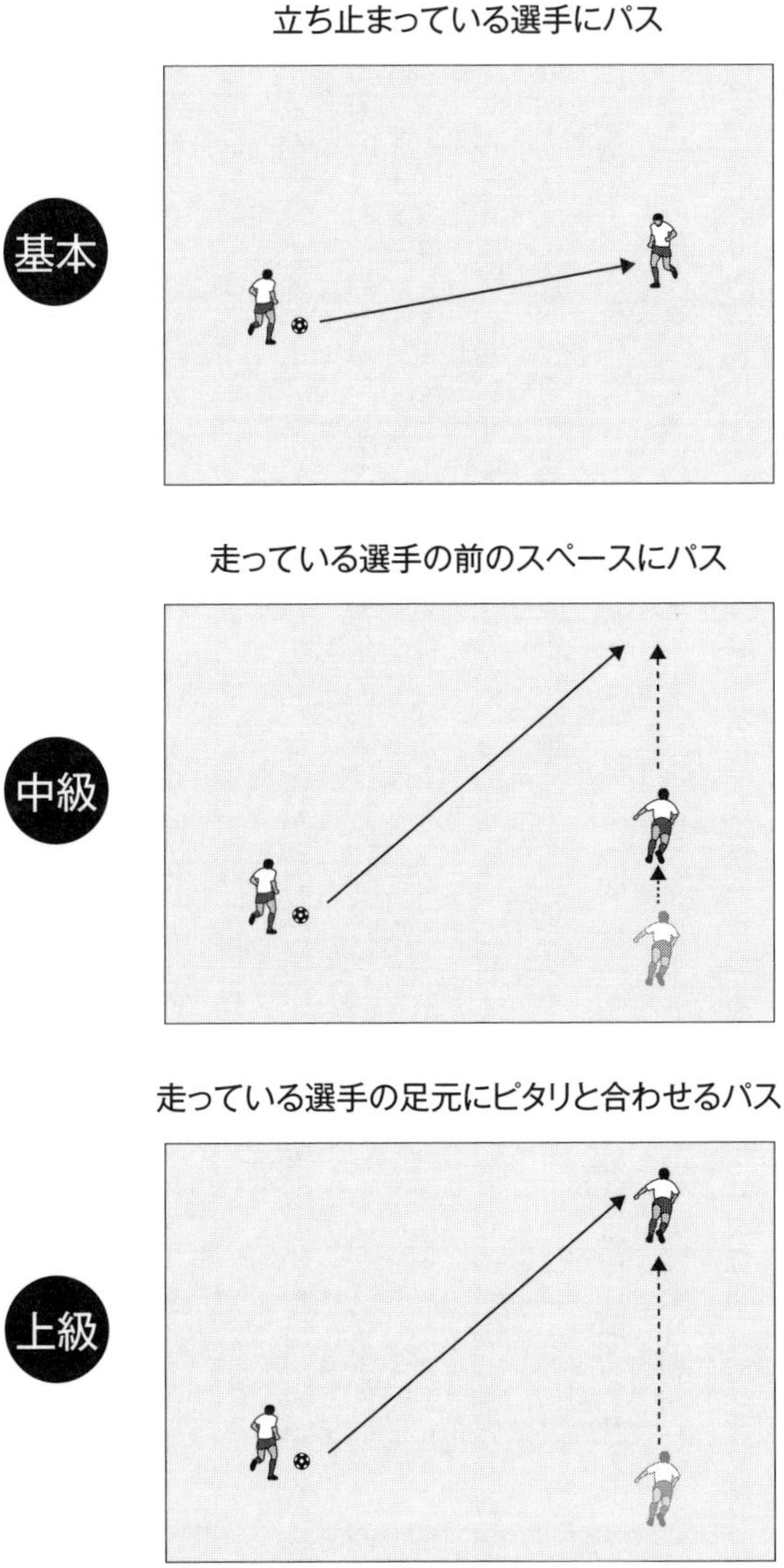

時間も場所もドンピシャでパスを出さなければいけない。

まわりから激しいプレッシャーを受ける中でこういうパスを出せるのは、世界でもトップクラスのMFだけだ。代表例をあげるなら、バルセロナのシャビとイニエスタ（ともにスペイン代表）である。バルセロナが驚異的な速さで攻撃できるのも、彼らの存在が大きい。

当然のことながら、難易度が高い分、「走っている選手の足元へのパス」はスルーパスよりもゴールにつながる可能性が高くなる。

スルーパスの場合、スペースにボールが転がり、FWがそれに追いつくまでのあいだに、わずかな時間のロスがある。それに対して、走っている選手の足元へのパスは、時間のロスがまったくない。その分、相手DFのプレスをかいくぐるチャンスは大きくなる。

Jリーグでは、走っている選手の足元を狙ったパスが少ない。日本は技術のレベルが高いと言われているが、世界のトップに比べたら、まだまだ改善の余地はあると言える。

「走っている選手の足元にピタリと合わせるパス」は、「点で合わせるパス」とも言い換えられる。走っている選手の前のスペースに出すパスの場合、相手がスピードを上げたり下げたり調節してくれるので、面や線で合わせればいい。だが、トップスピードで走っている選手の足元となると点で合わせなければいけない。ある意味、空飛ぶ皿を撃つクレー射撃のようなものだ。

「足元にピタリ」のパスには、数cm単位のパスの精度が要求されるのである。

MFのチェックポイント②

## 「止める」「運ぶ」「蹴る」がひとつの動作でできるか？（トラップの技術）

激しいプレスの中でパスを受けたときに、どんなトラップをするのかを見れば、その選手のレベルを推し量ることができる。平凡なＭＦは、

**① パスを止めて**
**② 体の向きを変えて（＝ボールを運ぶ）**
**③ 蹴る（＝パスやドリブル）**

という一連の動作を、1、2、3のタイミングでやってしまう。しかし、密集地帯でこんな緩慢な動きをしたら、いとも簡単にプレスの餌食になってしまう。

一流のＭＦなら、①と②をひとつの動作で、すなわちパスを止めながら、すでに体の向きを変えることができる。さらに超一流のＭＦとなると、①、②、③をひとつの動作でやってしまうのだ。

たとえば、③がドリブルだった場合を考えよう。

体を反転させながらボールを受け、ドリブルの動作を開始するのが一流。体を反転させながら、さらに重心移動によって走り出す体勢をつくり、ボールを受けると同時にトップスピードに乗ってドリブルを開

## 図19　トラップの難易度

「止める」「反転」「加速」が１・２・３のリズム

基本

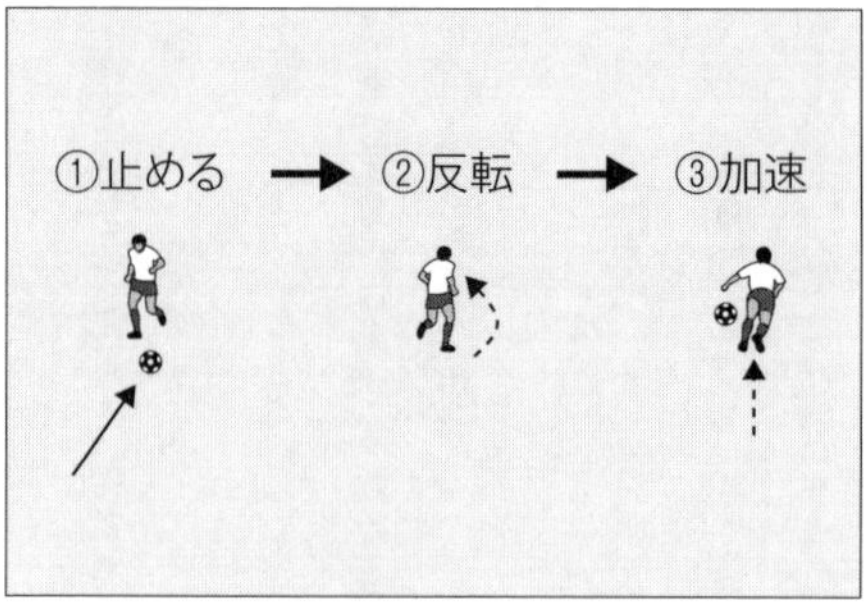
①止める
②反転
③加速

「止める」「反転」「加速」が１・２のリズム

中級

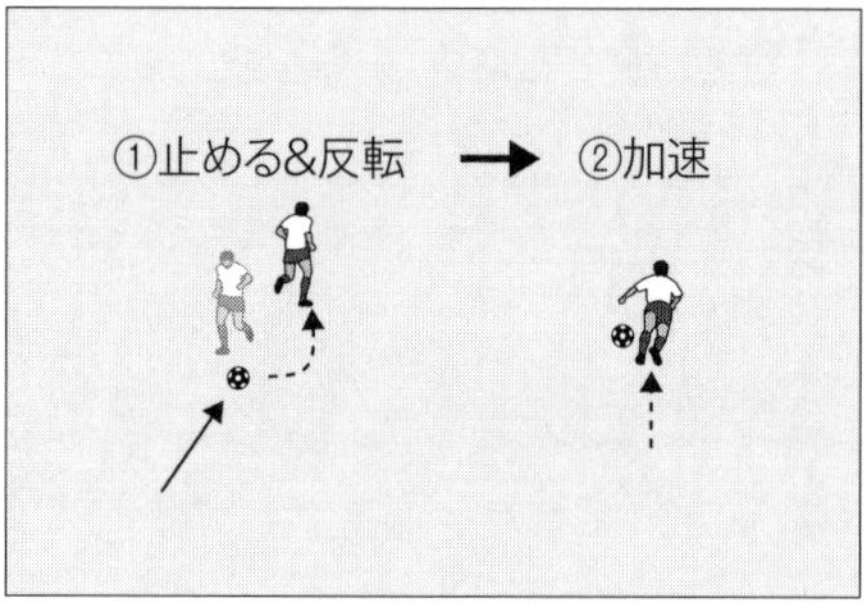
①止める&反転
②加速

「止める」「反転」「加速」が１のリズム（=同時）

上級

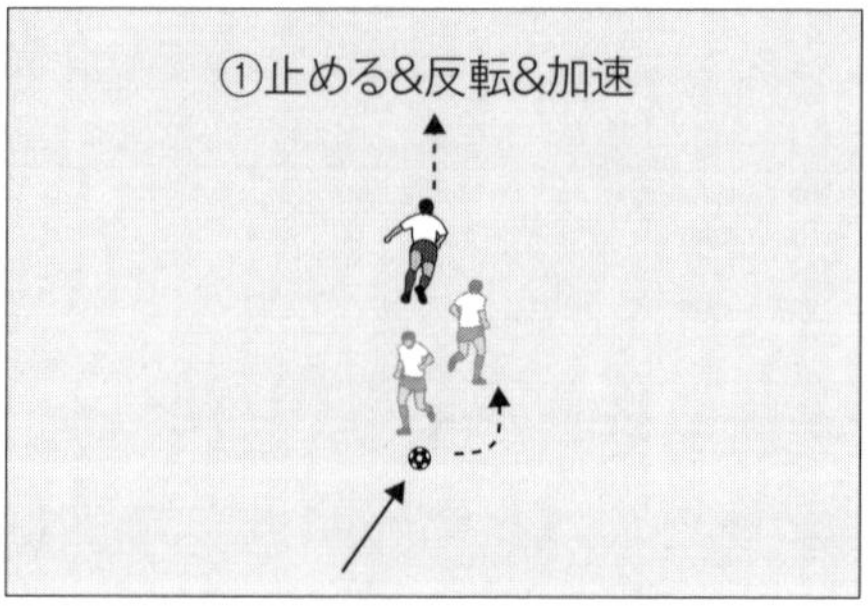
①止める&反転&加速

始できるのが超一流だ。ただし、トラップ・反転・ドリブルを同時にやるには、ボールを受ける前に、前方のどこに敵がいるかを見ておく必要がある。

標準的な選手がトラップから蹴るまでを1、2、3でやるところを一瞬でできれば、自分たちの攻撃を一気に加速し、相手のプレスをかいくぐることができる。

一見地味なトラップというアクションも、高いレベルで実行できれば、攻撃のスピードアップに一役買え、ゴールできる可能性を高めることができるのだ。

これをあえて野球でたとえるなら、大リーガーのイチローがゴロを拾ったときに、すでに投球体勢に入っているのと同じことだ。超一流というのは複数の動作を、同時進行でおこなうことができる。

このトラップの技術が優れている選手の代表格は、これまたバルセロナのシャビやイニエスタである。彼らはパスを受けるとき、ほとんどの場合、トラップと同時に反転するなど次のアクションを起こしている。

MFのチェックポイント③

## ニアゾーンを使えているか？（フリーランニングの技術）

試合でボールだけを見ているとつい忘れてしまうが、選手一人ひとりがボールを触っている時間は極めて短い。一般的に90分間のうち、トータルで2分程度だと言われている。つまり、フィールドプレイヤーというのは、ボールをもっていないときにどう動くかがとても大事なのだ。

それゆえにボールがないときにどう動くかを見れば、選手のクオリティを判断することができる。サッカー界では、このボールがないところの動きをフリーランニングと呼んでいる。

最も基本的なフリーランニングは、相手がいないスペースに走り込むことだ。これによって味方のパスコースが増え、相手のマークもずれることが期待できる。

ただし、空いているスペースに走り込むだけなら、中学生でもできるだろう。スペースが限定された中で、いかに質の高い動きをするのかがプロの選手というものだ。

では、プロとアマのフリーランニングは何が違うのか？

3つポイントがあるが、簡単な順から説明しよう。ひとつめは、「相手の判断を迷わせる動きをする」ということだ。

たとえば、相手が守備時にゾーンディフェンスを採用していたら、こちらの攻撃陣は、相手のDFラインとボランチ（＝守備的なMF）のあいだに走り込むのが基本である。飛び込んできた選手をDFとボランチのどちらがマークするか、一瞬、判断の遅れが生じることが期待できるからだ。

同じように、DFとDFのあいだにポジションをとれば、パスが来たとき、この2人のDFのどちらがマークするか一瞬迷うだろう。横に並んだMFとMFのあいだに入るのも同じことだ。

2つめは、「相手がボールと自分を同時に視野に収められないように動く」ということだ。

たとえば、斜めにパスが出たら、それと交差するように走るという方法。

DFたちは第一にボールを見失ってはいけないので、ボールを目で追おうとする。それゆえに、ボールの進行方向と交差して動くものまで、視野に収めるのは難しい。すなわち、自分はマークされないまま、

### 図20　フリーランニングの難易度

空いたスペースに走り込む

基本

ボールの進行方向と交差するように走る

中級

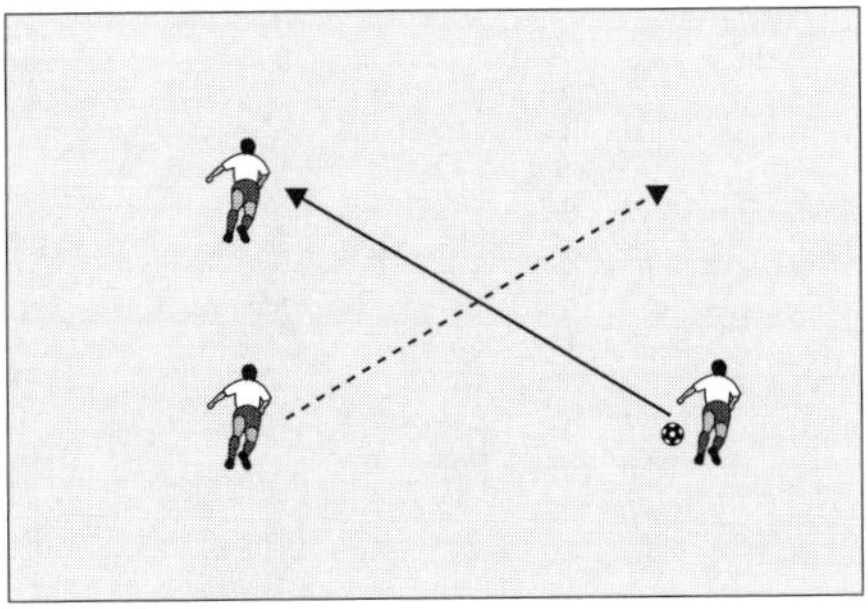

ニアゾーンに走り込む

上級

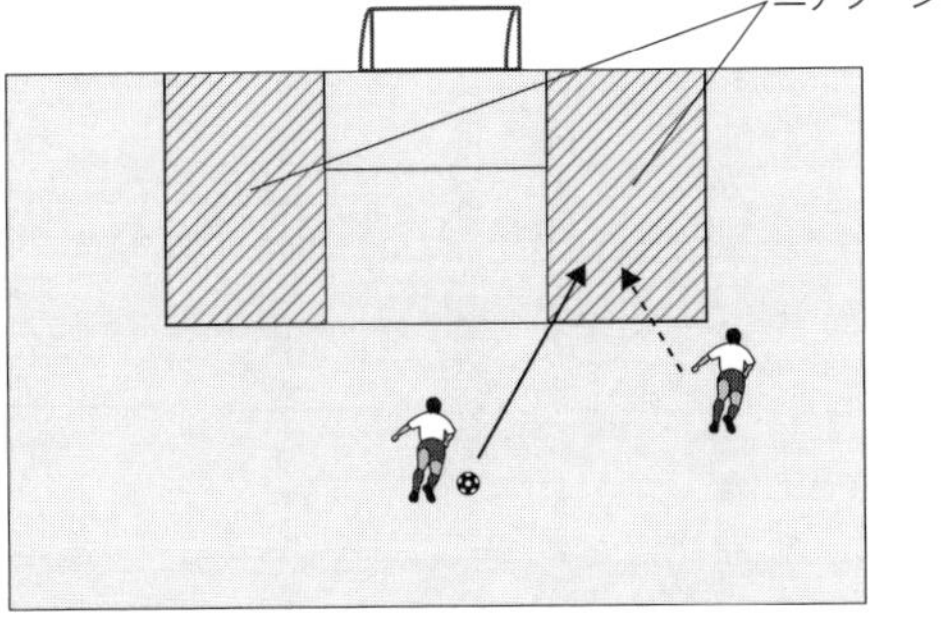

危険なエリアに入っていける可能性が高くなる。この「視覚トリック」を心がければ、フリーランニングの可能性が一気に広がる。

そして最も高度で、最も効果があるのがニアゾーンに走り込むことだ。これが3つめのポイントである。

このニアゾーンという用語を説明する前に、みなさんにペナルティエリアがいかに広いかを実感してもらおう。名古屋グランパスの久米一正GMは新しい選手がチームにやってくると、ピッチに連れ出して必ずこう訊くという。

「ペナルティエリアは何坪だと思う?」

答えは約200坪(約660㎡)。一軒家なら、大豪邸だ。攻撃側にとって有利な場所であるペナルティエリアというのは、かなり広いのである。

ニアゾーンとは、その広大なペナルティエリアの両端に位置するスペースのことだ(図20参照)。GKからもDFからも離れた位置にあるため、ここにパスが出ると守る側は、GKが飛び出るのか、DFが戻るのか瞬時の判断が求められる。守る側からすると、じつに厄介なエリアだ。

攻撃側がオフサイドにならずにうまくニアゾーンに飛び込み、ドンピシャでパスが来れば、大きなチャンスになる。

ゴール前にボールが近づいたら、ぜひニアゾーンに注目してほしい。

ここを使えていれば、フリーランニングのレベルが高いチームということだ。

ニアゾーンという用語が日本でよく使われるようになったのは、日本代表の岡田監督がこのエリアの重要性を唱えるようになってからだ。サッカー番組でニアゾーンが図解で取り上げられ、スタンダードな業界用語になった。

じつは「スルーパス」と言われるDFラインの裏に出すパスは、ニアゾーンに出すと成功する確率が高い。相手GKが飛び出してクリアするか、一瞬の判断の迷いが生まれるからだ。サッカーを見ているとき、このエリアにスルーパスが出たら、そのチームはニアゾーンを意識していると考えていいだろう。

MFのチェックポイント④

## 相手からボールを奪えるか？

近代サッカーにおいて、中盤で激しい守備のプレスをかけるのは必須になってきたが、人間の体力には限度があるから、ただ走り回ればいいというものではない。

疲れると体の切れがなくなるし、判断も鈍る。前半は勢いよく走り回っていたが終盤に集中力を欠いて失点して負けるというのは、弱いチームによくあるパターンだ。頭を使って、プレスをかけなければいけない。

では、効率的なプレスとはどんなものか？

頭のいい選手は、「パスコースを限定して相手のミスを待つとき」と「ボールを奪いにいくとき」のメリハリがはっきりしている。

まず前者に注目しよう。

パスコースを限定しようと思ったら、各選手が1～2ｍの範囲を動けば十分だ。これなら、繰り返しても体に疲れの原因となる乳酸がたまることはなく、90分間集中した守備を保つことができる。

かつてオランダ代表に、フィリップ・コクというMFがいた。この選手はまさに走らないでプレスをかけられる達人で、まわりに対して「50㎝横に立て！」とじつに緻密な指示をしていた。

この前者が「静」の守備だとしたら、後者は「動」の守備だ。一気に筋力に火を入れ、相手に接近し、ボールを奪う能動的な守備である。

このときに求められるのが、相手の懐に飛び込む技術だ。

剣道と同じで、相手だってバカではない。ボールを奪いにくるのを警戒している。その防御戦をいかに突破し、間合いを詰めるかが重要になる。

間合いを詰める技術は、代表的なものが3つある。

**① 体をぐっと入れて、パワーで奪う**

**② 相手のトラップの癖を観察し、ボールが体から離れた瞬間を狙う**

**③ スライディングで奪う**

この中で最も基本的なのは、③のスライディングだ。

スライディングは芝の上を滑るようにして相手に近づくことができるので、どんなやり方よりもボールへの到達が速い。スライディングの技術が高ければ、スライディングでアプローチできる距離の分、守備範囲も広くなる。

## 図21　ボール奪取の難易度

走ってボールを奪いにいく

基本

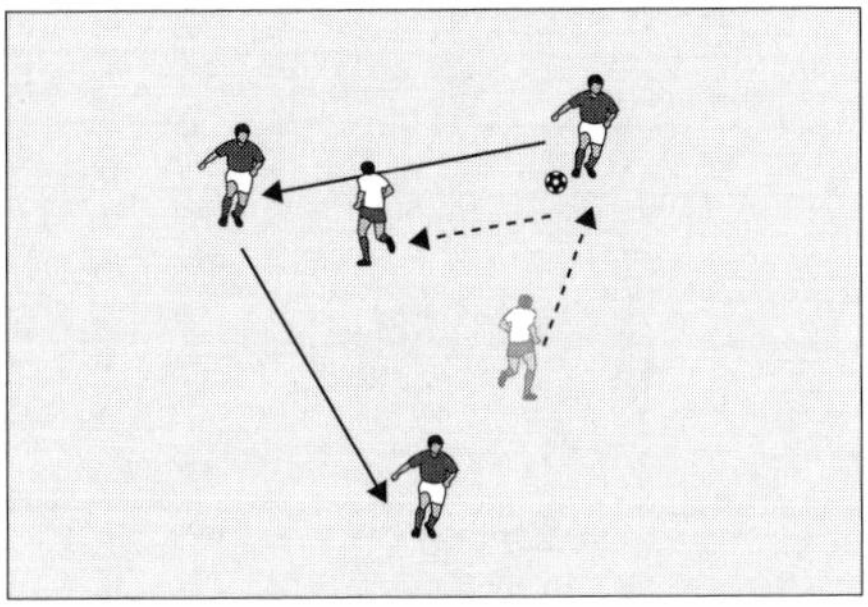

走らずして守備をする（パスコースを消す）

中級

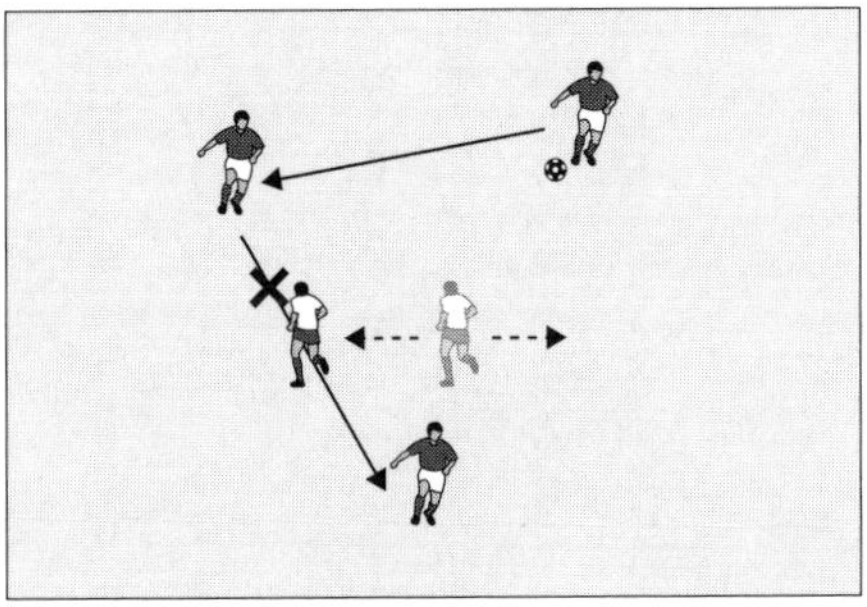

スライディングなどで相手からボールを奪う

上級

バルセロナの元副会長、フェラン・ソリアーノは著書『ゴールは偶然の産物ではない』（アチーブメント出版）の中で、ポルトガル代表MFのデコを獲得した経緯をこう記している。

「それまでのデコは、守備的なタイプというより攻撃的で技術的なタイプという印象が強かった。しかし統計を取ると、デコはボール奪取能力にも優れていることが明らかになったのだ。事実、デコを迎え入れたのは大正解だった」

バルセロナはロナウジーニョ、デコらが中心となって、2006年にUEFAチャンピオンズリーグ優勝を成し遂げた（現在はロナウジーニョはイタリアのACミランで、デコはイングランドのチェルシーでプレーしている）。

攻撃サッカーで知られるバルセロナといえど、相手のボールを奪わなければ攻撃は始まらない。優れたパスを出す選手と同じくらいに、ボール奪取能力に優れた選手は大切なのだ。

走らずして「静」の守備ができ、スライディングでボールを奪う「動」の守備ができるMFがいれば、守備陣にとってこれほど頼もしいことはない。DFラインの前の広大なスペースを、その選手ひとりに任せることができる。

# 第5章

# いい選手、悪い選手の見分け方【DF・GK編】

## 1対1で負けないのがDFの大前提

DFというポジションにおいて、まず前提になるのは、1対1の局面の勝負で負けないということだ。とくにヨーロッパではそれが常識になっており、「味方の援護がないから抜かれた」なんて言い訳をするDFがいたら、サポーターから大ブーイングを浴びせられる。

守備において、センターバックが相手FWに競り負けるようだと、正直なところ話にならない。たとえば何でもないロングボールが来ても、相手FWが自分の好きなところにヘディングでボールを落とせたら、即ビッグチャンスになってしまう。あるいは何でもないFWの足元へのパスでも、センターバックがぐいっと手で押さえられて反転されると、これまた即ゴールチャンスだ。

もちろん相手とのパワーバランスで、センターバックが相手FWに勝てないとなれば、ほかのDFがカバーリング役を務めることになる。だが、1人を2人で守るのだから、ほかに数的不利になるエリアが出てきて、チームとして守勢に追い込まれることが多い。

**○ DFが1対1で勝てる ⬇ より攻撃に人数をかけられる**

**✕ DFが1対1で負ける ⬇ カバーのためにチーム全体が守勢になる**

ある程度、サッカー観戦に慣れて目が肥えてきたら、ぜひノートとペンを片手に試してもらいたいことがある。キックオフ前に先発メンバーが発表されたら、まずは両チームの守備ラインにおけるＤＦとＦＷの力関係を比べてみよう。選手の基本的なデータ（身長など）をもとに、試合の主導権をどちらが握るか、ある程度予想できるようになる。

## まずはＤＦ４人がつくるラインをチェック

さて、本章ではＤＦをセンターバックとサイドバックの2タイプに分けて話を進めていこうと思うが、ＤＦ個人の話をする前に「ＤＦライン」に注目しなければいけない。

選手個人を扱う章なのに、なぜ「ＤＦライン」という４人の集まりをクローズアップするのか？　それは、ＤＦラインは11人の中でも特別重要なユニットで、１本の線として動くことが求められるからだ。守備において、ＤＦラインは土台。土台がしっかりしていなければ、その上に組織という家も建てられない。だから、ＤＦ個人の能力を見る場合も、ＤＦラインとしての動きができているかが重要なチェックポイントになる。ＤＦラインの良し悪しを判断できなければ、ＤＦ一人ひとりの良し悪しも判断できない。

ということで前置きが長くなったが、センターバックとサイドバックの話の前に、ＤＦラインの良し悪しの判別法を説明しよう。

（注：サッカーには４バックだけでなく３バックもあるが、現在、世界のトップリーグでは9割以上のチームが４バックを採用している。本書では、基本的に４バックに話を限定する）

DFラインの
チェック
ポイント
①

## DF同士が適切な距離を保っているか？

先ほどDFラインを家の土台にたとえたが、柱の間隔が適切でないとわずかな衝撃で家が崩れ落ちるように、DFラインにおいてセンターバックとサイドバックが適切な距離を保つことはとても大切だ。

ちょうどペナルティエリアの横幅に4人のDFがすっぽりと収まるくらいが、いい距離だと言われている。つまり、右サイドバックがペナルティボックスの右角上あたりに、左サイドバックがペナルティボックスの左角上あたりに立っている状態だ。

すでに第1章で書いたように、ゴール前中央のエリアは、シュートを打たれたらゴールにつながる確率が高いので、絶対に空けてはいけないのが守備の基本だ。一方、サイドのエリアなら、たとえフリーで相手にボールをもたれても、直接シュートを打たれる可能性は少なく、中央さえ固めておけばそれほど危険ではない（もちろんサイドでもフリーにしないほうがベターだが）。最も危険な中央を「空き家」にしないためには、ペナルティエリアの横幅にDFラインが収まるくらいがちょうどいい。

これを試合で実行できるかどうかは、サイドバックの動きにかかっている。センターバックはほぼ真ん中から離れることがないのに対して、サイドバックは攻撃時には前に行ったり、ワイドに広がったり、ポジション移動が頻繁だからだ。

よくある失敗例が図22。ボールが右サイドにあり、左サイドで相手選手がパスを待っている状況だ。

## 図22　DF同士の距離をチェック

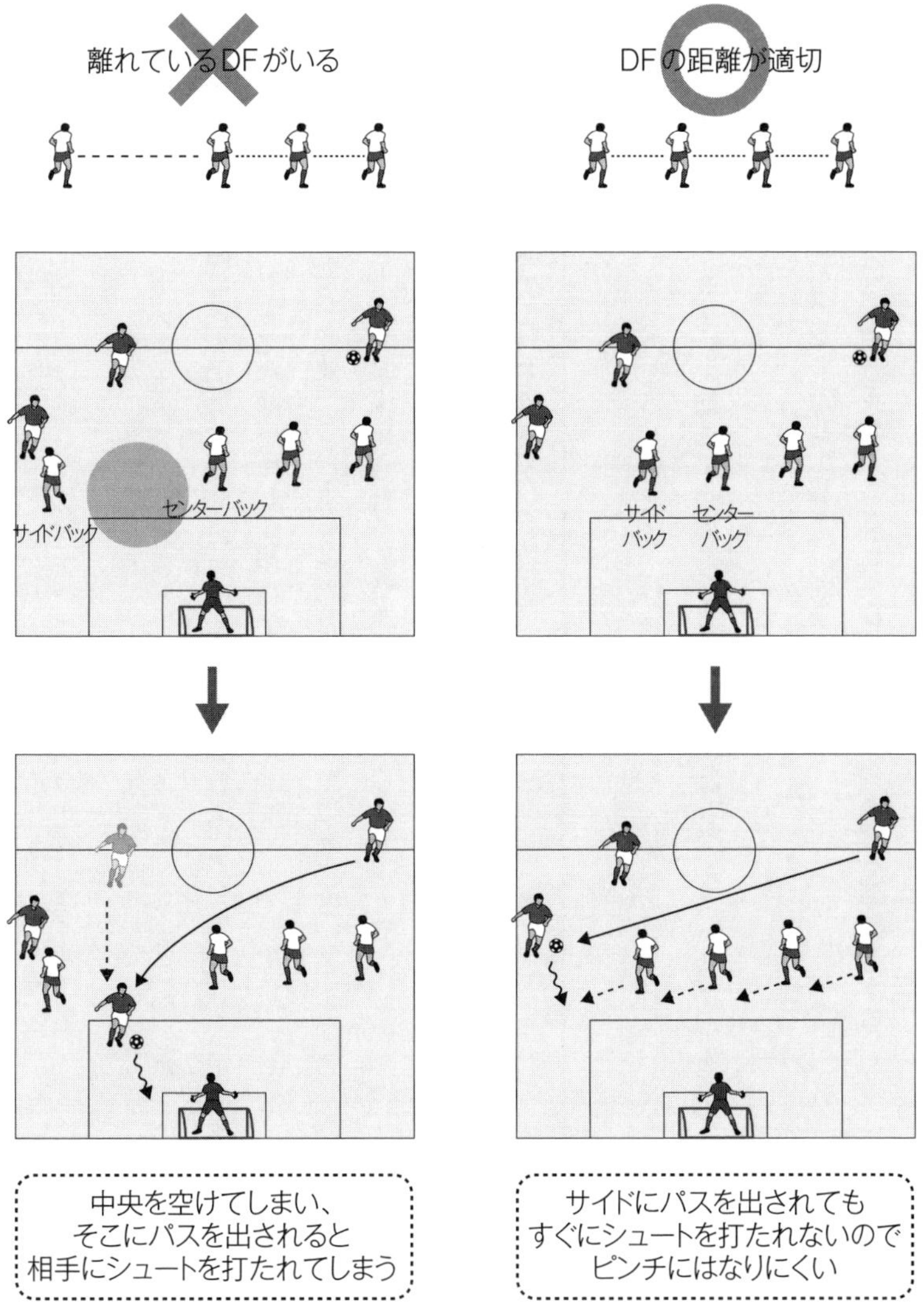
離れているDFがいる
DFの距離が適切
サイドバック
センターバック
サイド
バック
センター
バック
中央を空けてしまい、
そこにパスを出されると
相手にシュートを打たれてしまう
サイドにパスを出されても
すぐにシュートを打たれないので
ピンチにはなりにくい

この場合、左サイドバックは本来であれば、センターバックとの距離を縮めて、やや中央よりにポジションをとらなければいけない。だが、パスを待っている相手のことが気になって、ついサイドライン際にポジションをとりたくなる。

セオリーで言えば、このポジショニングはNGだ。たとえサイドライン際にいる選手にボールが渡っても、ゴールまでの直線距離は遠いので、すぐにゴールを決められることはないが、センターバックの横のエリアに走り込まれ、シュートでも打たれようものなら、即失点だ。

「サイドバックには運動量が必要だ」とよく言われるが、それ以前に、ゴール前の壁に「穴」をつくらないスペースマネージメント能力が求められるのである。

DFラインのチェックポイント②

## ＤＦラインの上げ下げの基本ができているか？

守備のブロックをコンパクトに保つためには、ＤＦラインを4人がそろって前に上げる、もしくは後ろに下げる、という「上げ・下げ」の動きが必須だ。この動きには2つのステップがある。

**ステップ1**　相手がバックパスをしたら、ＤＦラインを上げる

**ステップ2**　相手が前を向いてボールをもったら、ＤＦラインを下げる準備をする

## 図23-1　DFラインの上げ下げをチェック

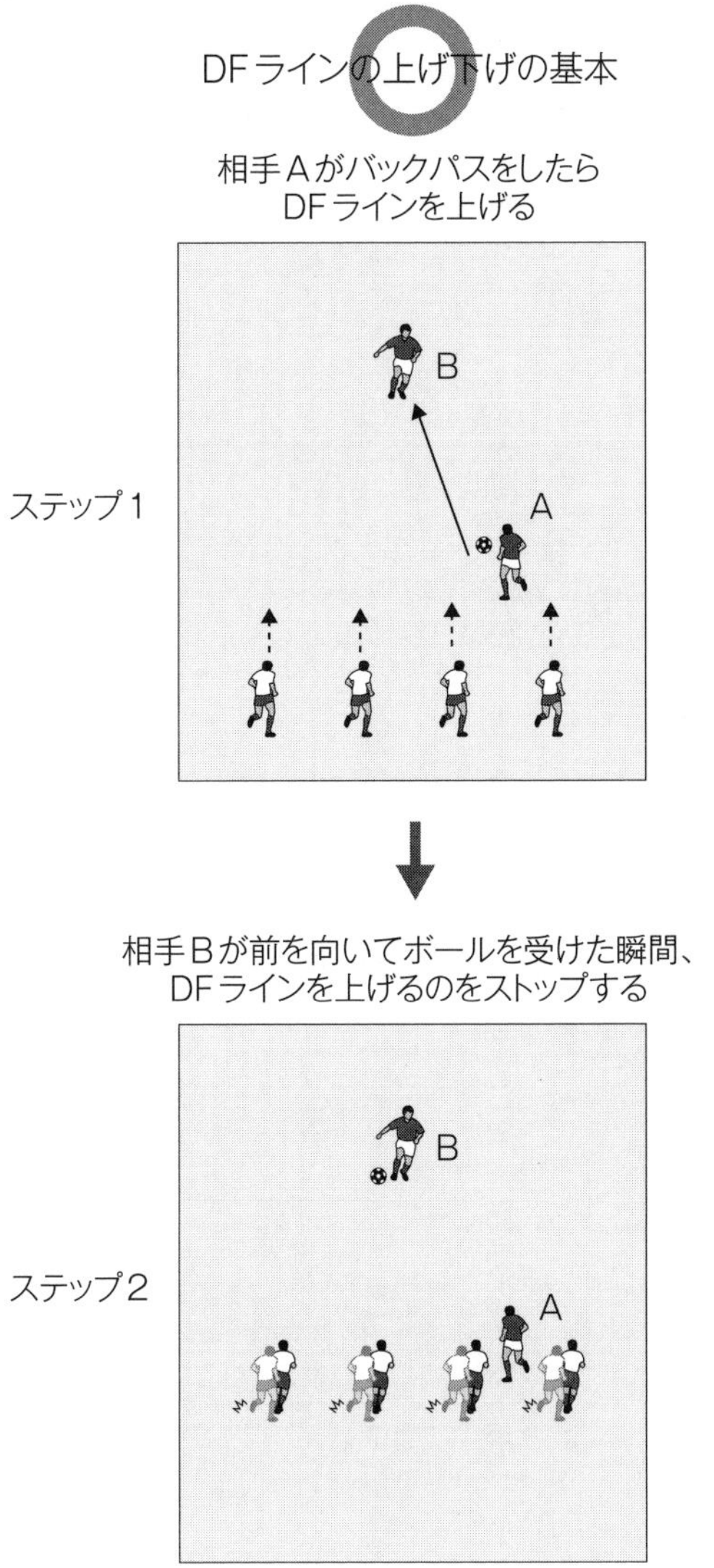

DFラインの上げ下げの基本
相手Aがバックパスをしたら
DFラインを上げる
ステップ1
B
A
相手Bが前を向いてボールを受けた瞬間、
DFラインを上げるのをストップする
ステップ2
B
A

まずはステップ1から説明しよう（図23－1）。

相手がバックパスをして、ボールが自分たちのゴールから遠ざかる方向に転がっているあいだは、100％ゴールを奪われることはない。この瞬間を見逃さず、コンパクトにするために、DFラインを上げたほうがいいのだ。

ただし、バックパスを相手選手が受けてボールが止まった瞬間、ステップ2に移行する。DFラインは立ち止まり、今度はラインを下げる準備をしなければいけない。相手のロングボールを警戒するためだ。

なぜかというと、相手が前を向いてボールをもったとき、もしマークが甘ければ、DFラインの裏に向けて、一気にロングボールを出されてしまう。それに対応するために、DFラインを下げる準備をするのだ。

わかりやすく言えば、ボールが動く方向が（↑）なら、DFラインも（↑）に動き、ボールが（↓）に動きそうになったら、DFラインも（↓）の準備をするということだ。

## ✕ 相手がバックパスをしたのに、DFラインを上げない

## ✕ 相手が前を向いてボールをもっているのに、DFラインが棒立ち

また、相手のロングボールに対しては、次のように対処するのが基本だ。

**図23-2　DFラインを上げるときの失敗例**

よくある失敗例

相手が前を向いてフリーでボールをもっている
にもかかわらず、DFラインを上げてしまう

▼

DFラインの裏を使われてしまう

相手ＦＷを目がけてロングボールが出されたときは、センターバックの１人が競りにいき、４バックの残りの３人が、下がりながら中央に絞るのがいいとされる。もしセンターバックがヘディングで競り負けても、３人でスペースをカバーしているので一気に崩されるのを防ぐことができる。

イタリアのような守備を武器にしている国になると、どんなに下位のチームでも、こういうＤＦラインの上げ下げの基本が身についている。

DFラインのチェックポイント③

## クロスの対応の基本ができているか？

サイドからクロスが上がってくるとき、ＤＦラインは弧を描くのがいいとされる（図24）。

もしＤＦラインが、一直線のラインのまま対応すると、クロスの軌道と交わるのは「点」でしかない。だが、ＤＦラインが弧を描けば、「線」として交わることができるからだ。ひとりのセンターバックの頭を越されても、その軌道上にほかのセンターバックが走り込んでいるので、クリアできる可能性が高くなる。

スペインでは、こういうＤＦラインの対応を「天秤の動き」と呼んでいる。相手が右サイドからクロスを上げれば右肩上がりの弧を描き、左サイドからあげれば左肩上がりの弧を描く――それがまるで天秤のようだからだ。

４人のＤＦに共通理解があり、言葉を交わさなくても1本の線として動くことができれば、そうそう守備を崩されることはない。

ヨーロッパでは戦術家と言われる監督ほど、ＤＦラインの動き方を徹底的に叩き込む監督が多い。アトレティコ・マドリードのキケ・フローレス監督もそのひとりだ。

そのキケ・フローレスがスペインのバレンシアの監督をやっているとき、筆者は彼をインタビューする機会に恵まれた。すると戦術の話で大いに盛り上がり、なんと「ぜひ監督室に来い」と誘ってくれるではないか。

後日、あらためて監督室を訪れ、彼がいかに戦術に取り組んでいるかをパソコンの特別なソフトを使ってレ

**図24　ロングボールとクロスの対応をチェック**

## ロングボールへの対応の基本

×
ロングボールが入ったとき
2人が同時に競りに
いってしまう

○
ロングボールが入ったとき
1人が競りにいき、残り3人は
中央に下がりながら絞る

## クロスの対応の基本

×
相手がクロスを入れるとき
DFラインが一直線のまま

○
相手がクロスを入れるとき
DFラインが弧を描く

クチャーしてもらった。

そのとき出てきたのが、ここで紹介したDFラインの基本の動きである。

彼はシーズン前の合宿の期間に必ず、DFラインの基本の動きを徹底的に練習させる。DFラインがそろって動けずして、組織的なサッカーなどできないからだ。

どんなに屈強なDFでも、この基本ルールを守れない選手はトップレベルのチームではプレーできない。DFは最もフィジカルコンタクトが激しいポジションだが、同時にクレバーさも求められるのだ。

この基本ルールを守れていることを前提に、次にセンターバックとサイドバックには何が求められるのかを細かく見ていきたい。

## センターバックのチェックポイント

センターバックは大きく分けて、次の3つのタイプに分けられる。

**① 人に強い**
**② スペースに強い**
**③ 人にもスペースにも強い**

「人に強い」「スペースに強い」とはサッカーの業界用語だが、簡単に言えば、前者は「1対1の守備に強い」、後者は「スペースを埋めるのがうまい」ということだ。言うまでもなく、「③人にもスペースにも強いタイプ」が一番いいのだが、プロでもなかなかそういう選手はいない。

まず「①人に強いタイプ」から説明しよう。

空中戦に強く、1対1の局面のフィジカル勝負に自信があるセンターバックは、自分の目の前で起こることの対処には優れている。しかし、そういうタイプは、えてして自分の背後をケアするのを苦手にしていることが多い。ボールをとりに前方に飛び出してしまい、その背後のスペースを使われて失点……というのが、①のタイプのよくある失敗パターンだ。

逆に「②スペースに強いタイプ」は視野の広さや洞察力を武器にしているので、背後をやられることはほとんどない。しかし相手が強引にパワー勝負を挑んでくると、理屈の世界ではなくなり、押し切られてしまうことがある。

だから、センターバックを組ませるならば、「①人に強いタイプ」と「②スペースに強いタイプ」を合わせるといい（もちろん両者が人にもスペースにも強いのが理想だが）。

それぞれのタイプについて、良し悪しを見分けるポイントをひとつずつあげよう。

**人に強いCBのチェックポイント**

## シュートのブロックがうまいか？（球際に強いか？）

守備の選手にとって、ゴール前でまず意識すべきは、シュートコースを消すことだ。シュートコースさえブロックできていれば、そのワンプレーでゴールを決められてしまうことはない。シュートコースに人が立つというのは、守る側の鉄則である。

だが、トップクラスのＦＷになると、ボールを受けてからシュートするまでのスピードが段違いに速い。筋肉の速筋の割合が生まれつき高く、足の振りが速い選手がいるのだ。また、体の使い方がうまく、「1、2、3」のタイミングではなく、「1、2」で打てる選手もいる。

たとえば、センターバックがシュートコースを消しているつもりでも、5㎝ボールをずらされて、コースをつくられてしまうことがある。センターバックが慌てて足を出しても、時すでに遅し。次の瞬間、ボールはネットに突き刺さっている。

こういう場面でもしっかりシュートをブロックできるのが、トップクラスの「人に強い」センターバックだ。

彼らはボールを奪おうと相手の足元に足を伸ばしても、うまくかわされてしまうことを知っている。では何をするかというと、ボールが飛んでくる軌道を瞬時に予測し、そこに足を出すのだ。ブロックするのがうまいＤＦになると、ボールのほうから足にぶつかってくるような感じになる。

こうやって相手に簡単にシュートを打たせない能力を「球際に強い」という。日本ではテクニックというと、攻撃でのドリブルやパスを想像しがちだが、守備においても細かいテクニックはたくさんあるのだ。

ＤＦの球際の強さが最も優れているのは、おそらくイタリアだろう。

相手がクロスを上げようとするとき、よく日本のＤＦは背を向けてブロックしようとするが、ほとんどのイタリアのＤＦはそんなことはしない。ハンドにならないように両腕を背中側にまわし、胸でクロスをブロックしようとする。

シュートのときもそれは同じで、とにかく自分の後ろにボールが行かないよう、正面からブロックする勇気と技術をもっているのがイタリア人ＤＦだ。

じつはイタリアがＤＦラインを下げて、ゴール前で守備を固めることができるのも、ＤＦ全員に球際の強さがあるからだ。

ラインを下げるということは、相手がペナルティエリア付近まで接近してくるということだ。もし球際に弱いＤＦがひとりでもいたら、そこが穴となり、至近距離からシュートを打たれて失点してしまうだろう。だがイタリアの場合、ＤＦ全員が球際の強さに自信があり、頑丈な壁を築ける。だから相手がゴール前に近づいてきても、ガッチリ守ることができるのだ。

イタリアは守備の堅さで知られる国だが、その評判はＤＦの球際のディフェンス技術に支えられている。

スペースに強いCBのチェックポイント

## インターセプトができるか？（相手のパスを読めるか？）

守備の選手にとって、最も怖いのが「ミス」である。自分たちのゴール近くでミスを犯すと、それを挽回するのはほぼ不可能で、あっという間に相手にゴールを決められてしまう。

たとえば、パス回しのときにトラップミスして相手にボールを奪われたら、一気にカウンターをくらう。

また、ＧＫへのバックパスをミスして相手にとられたら、間違いなく失点だ。もれなくブーイングもついてくる。

ただし、ミスを恐れてばかりでは、トップレベルのＤＦになれない。

よくヨーロッパでは、ただそこにいるだけの守備を皮肉たっぷりに「アリバイ・ディフェンス」と呼ぶ。守備をしているふりをして、実際は何も守備の役に立っていない状況のことだ。ブラジルやアルゼンチンといったテクニックが優れた相手にこういう守備をすると、あっという間に好き放題ボールを回されてしまう。アグレッシブさを失わず、相手のボール奪取を虎視眈々《たんたん》と狙うのが、優れたＤＦだ。

だから一流のセンターバックになると、リスクを冒して一気に間合いをつめ、パスをインターセプト（相手側のパスを中間で妨害し、ボールを奪うこと）できる。そのためには、あらかじめ周囲の状況を観察し、パスコースを予測するクレバーさが必要だ。

この能力は、センターバックの戦術眼が優れているかを占うバロメーターになる。Ｊリーグの大分トリニータは、センターバックを獲得する際に、「インターセプトを狙えること」を条件のひとつにしていたことがある。

インターセプトは失敗すると、守備ブロックに穴が開くので大きなリスクを伴う。しかし、もし成功すれば、今度はこちらがカウンターを仕掛ける大きなチャンスになる。インターセプトを得意とするセンターバックは、チームの攻撃という意味でも価値があるのだ。

このプレーがうまい代表的な日本人ＤＦは、２００２年日韓Ｗ杯と２００６年ドイツＷ杯に出場した宮本恒靖だろう。まずは的確な指示で味方を動かし、相手のパスコースを限定させる。そして、わざと残しておいたコースにパスを出させて、カットするのだ。相手と味方の位置を瞬間的に理解する力、指示する

## 図25　センターバックの技術をチェック

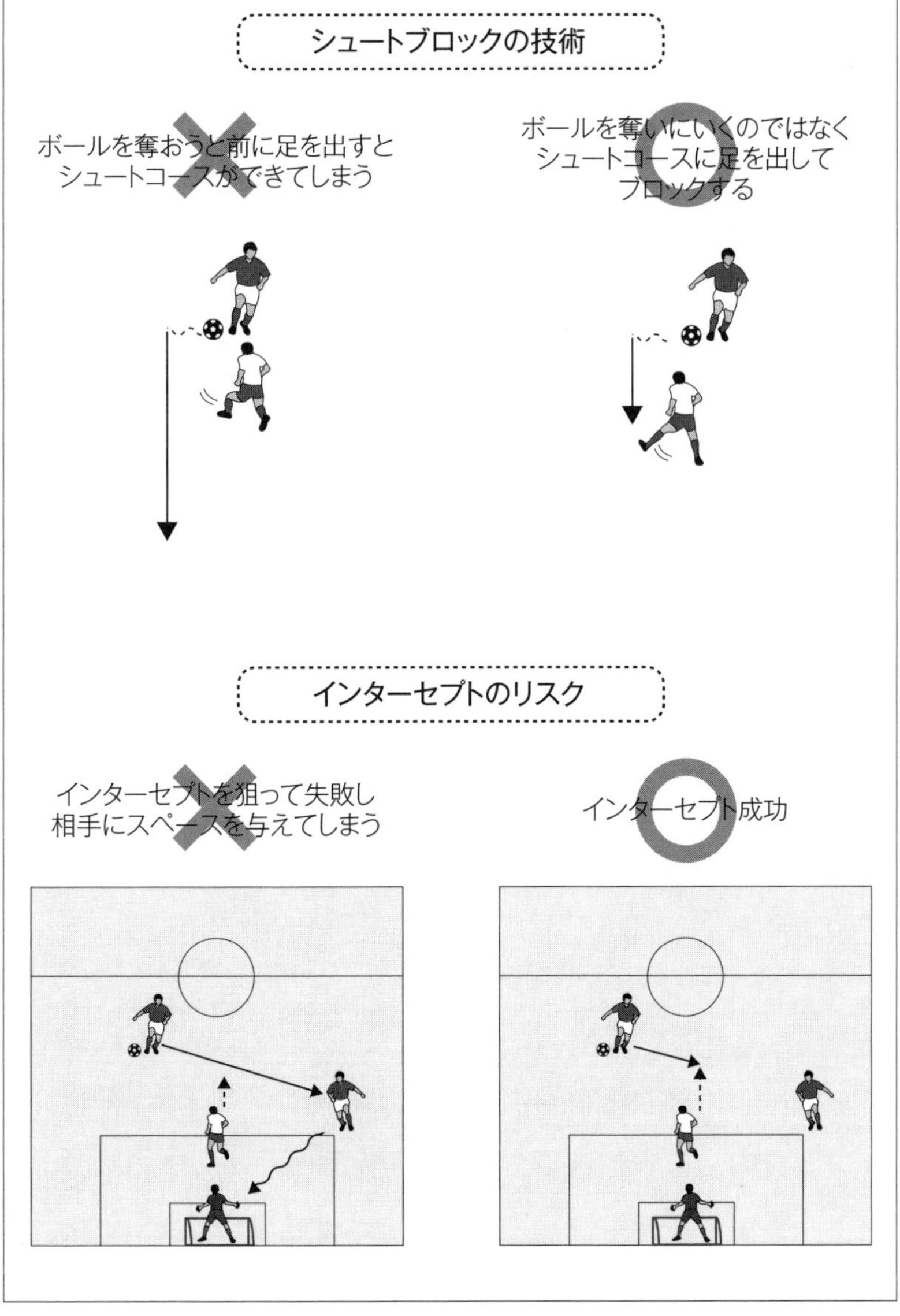
シュートブロックの技術
ボールを奪おうと前に足を出すと
シュートコースができてしまう
ボールを奪いにいくのではなく
シュートコースに足を出して
ブロックする
インターセプトのリスク
インターセプトを狙って失敗し
相手にスペースを与えてしまう
インターセプト成功

力、罠《わな》を張る力がなければ、インターセプトの達人にはなれない。「スペースに強い」センターバックが、引退後に監督として成功する例が多いのも、現役時代から俯瞰《ふかん》した視野をもちながらプレーしているからだろう。

## サイドバックのチェックポイント

最近サッカー界では、バルセロナのダニエウ・アウベスや日本代表の内田篤人など、攻撃的なサイドバックが注目されている。もちろんサイドバックはDFなので守備能力が必要だが、その前提がクリアできたうえで、攻撃面でチームに貢献できるかが問われるようになってきている。

チーム事情によって異なる部分もあるが、一般的にサイドバックに求められる能力を重要な順に書くと、次のようになる。

① 1対1で相手に抜かれない守備力
② DFラインのルールを守る組織力
③ 自陣から敵陣に行き来する体力
④ クロスの精度
⑤ 攻撃の組み立てにおけるゲームメイク力
⑥ サイドから内側に切れ込んでのシュート

とくに最近では、⑤と⑥が現代サッカーに欠かせないサイドバックの能力として注目されているので、ここでは「⑤ゲームメイク力」と「⑥切れ込んでのシュート」を取り上げることにしよう。

**SBのチェックポイント①**

## 虚をついたロングパスを出せるか？

サイドバックはチームの一番後方の、しかも端っこにいるので、相手からのプレスにさらされにくい。そのメリットを利用しない手はないだろう。ドイツサッカー協会は２００６年Ｗ杯後に、「サイドにゲームメイク力のある選手を置くのが今大会のトレンドだった」と報告した。サイドバックも積極的にパス回しに加わり、無難な横パスやバックパスだけでなく、攻撃のアクセントをつけるのがここ数年で常識になった。

その中で最も効果があるのが、虚をついた斜め方向のロングパスだ。

ＧＫのゴールキックからプレーが始まったときを想像しよう。まずＧＫがセンターバックにパスし、次にセンターバックがサイドバックに横パスを出す。ここまではサッカーの試合でよく見かける光景だ。

相手の守備陣を含めてほとんどの人が、このサイドバックは無難に近くにいる味方にパスすると思うだろう。まさに、その一瞬の隙を、利用するのだ。人間の思い込みというのは、想像以上に体の反応を鈍らせる。

サイドバックはボールをもった次の瞬間に、相手ゴール前を目がけて対角線のロングパスを出す。相手

## 図26　サイドバックの攻撃時のチェックポイント

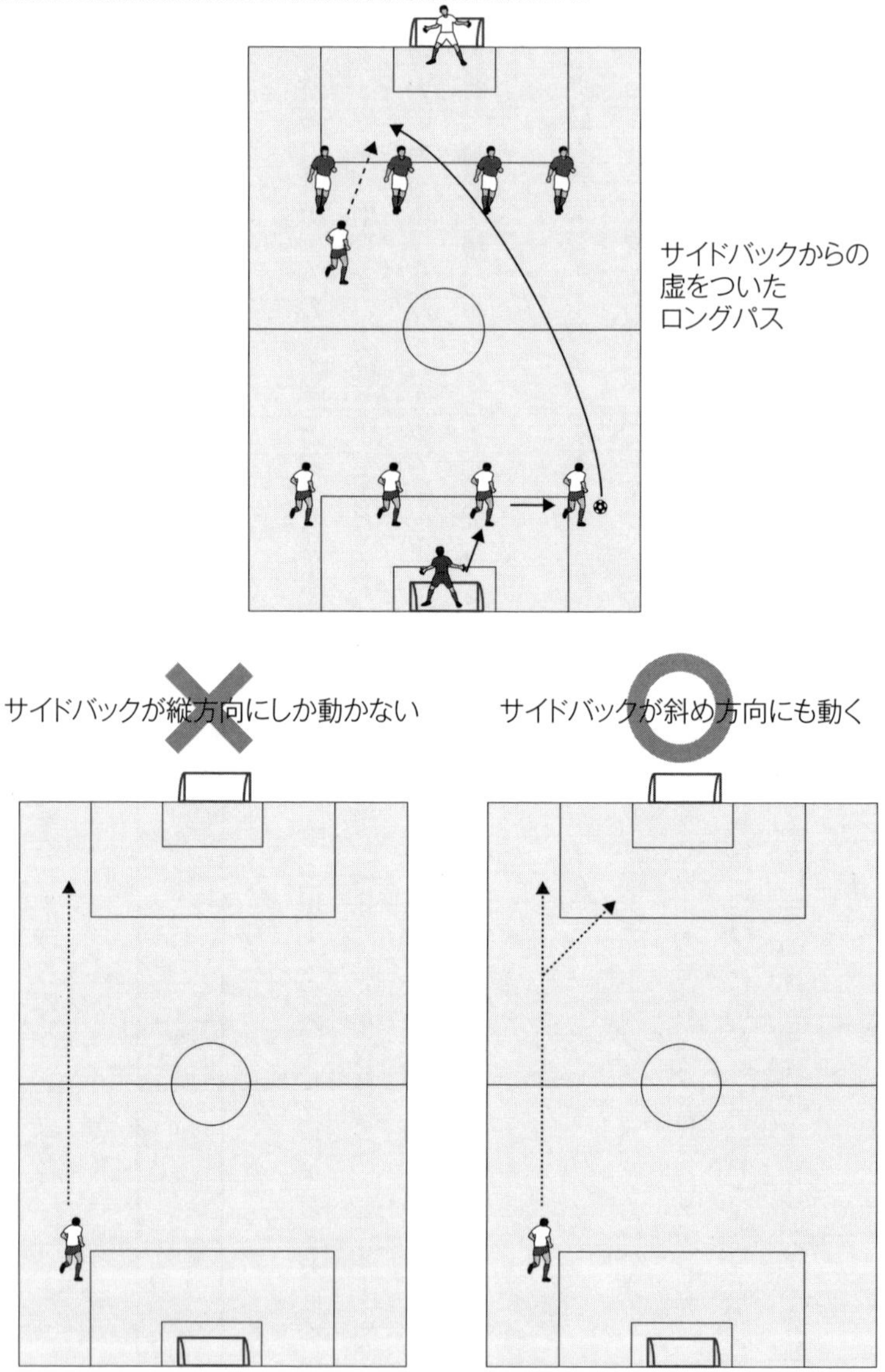
サイドバックからの
虚をついた
ロングパス
サイドバックが縦方向にしか動かない
サイドバックが斜め方向にも動く

の守備陣は突然のロングパスにあわてて戻ろうとするものの、すでにスペースにＦＷが走り込んでいる。まるでアメリカンフットボールのタッチダウンパスが通ったときのように。

完全に不意打ちだ。だが、これもゲームメイク力のひとつなのだ。残念ながら、日本にはこういう虚をついたロングパスを出せるサイドバックはまだ見当たらない。これをやる能力は十分にあるが、そういう発想があまりないからだろう。

セットプレーの機会を得たとき、相手が陣形を整える前に、早くリスタートする――というプレーは日本ではもうお馴染みになっている。読売ヴェルディ時代のラモスやカズ（三浦知良）がブラジル仕込みのこのマリーシア（ずる賢さ）溢れるプレーを多用し、日本サッカー界に浸透していった。

そのサイドバック版マリーシアが、「虚をついたロングパス」と考えればいい。もちろんこれは流れの中のプレーだが、ＧＫからサイドバックにボールが渡ったときというのは、相手も陣形を整えようとしているときだ。ある意味、セットプレーを得た瞬間に似ている。

ＦＫの早いリスタートと同じように、サイドバックの〝騙し討ち〟が攻撃の引き出しにあると、そのチームは間違いなく強い。

SBのチェックポイント②

## 斜め方向の動きをしているか？

基本的にサイドバックの主戦場は、そのポジションの名前どおりサイドのエリアになる。しかし最近のサッカー界では、サイドバックがボールをもったときに、縦だけでなく斜め方向にも走ることが効果的だと考えられるようになっている。

たとえば右サイドバックが、センターラインを少し越えたところでボールをもったとしよう。90年代後半までなら、そのまま縦方向にドリブルしてクロス、というのがパターンだった。

それでも十分効果的なのだが、さらに攻撃の危険度をアップさせる方法が生み出された。それが、サイドからペナルティボックスの角を目指して斜めに走るというものだ。

第4章でふれたとおり、2008年くらいから日本代表の岡田監督は、ペナルティボックス内側の左右のエリアのことを「ニアゾーン」と特定の名前で呼ぶようになった。ペナルティエリアの内側にもかかわらず、GKから適度に離れているので、そこにボールが来ても、GKはうかつに飛び出すことができない。守る側からすると、じつに厄介なエリアだ。

サイドバックが縦方向だけでなく、ニアゾーンを目指してドリブルで切れ込む、フリーランニングで走り込む、あるいはそこに着弾するようにクロスを出せば、大きなチャンスになるはずだ。

ドイツ代表の左サイドバックのラームが、2006年ドイツW杯で開幕ゴールを決めたのも、この形だった。左サイドから中央にドリブルで侵入し、右足から放たれたシュートは美しい弧を描いてゴールに吸い込まれた。また、日本代表の長友佑都は、代表デビュー当初は縦の動きが多かったが、2009年途中あたりから、斜めの動きもアクセントとして出せるようになってきている。

もはやサイドバックは、縦方向に走るだけで評価される時代ではない。

攻撃において斜め方向（ダイアゴナル）の動きが有効なことは、すべてのポジションに共通している。

## ミニコラム　攻撃のためのトラップができているか？

もともとDFは攻撃陣に比べて、パスやトラップの技術に自信がない選手が多い。

さらにミスが許されないポジションということもあり、パスを受けるときには、つい相手とは遠い側（横方向）にトラップして、ボールを脇に置く傾向がある。これなら仮にトラップミスをしても、相手にボールを奪われる心配がないからだ。もし相手がいる方向に向かってトラップすると、ボールが前に転がり、相手に奪われてしまうリスクが出てくる。

しかし、横方向にトラップするには決定的なデメリットがある。そこから前にボールを運ぼうと思ったら体の向きを変えなければいけず、次の動作に移るのがワンテンポ遅くなってしまうのだ。DFがあたふたしている光景が思い浮かぶだろう。余裕がなく、とても意外性のある攻撃などできない。

一方、縦方向にトラップすれば、すぐさま次の動作に移ることができる。また、超一流のDFになると、トラップをわざと大きくして相手の意表をつき、一気に加速して攻め上がることもできる。

欧州のトップクラスのDFになると、相手が至近距離にいるのに、平気で縦方向にトラップをする。「トラップミスをしない」という絶対の自信があるからだ。背筋をピンと伸ばし、顔を上げたまま足元を見ることなくトラップし、目を光らせて攻撃の機会を狙う。こういうDFがいると、必然的に、試合にも緊張感が生まれる。その代表的存在が、マンチェスター・ユナイテッドのリオ・ファーディナンドや、インテルのマイコンだ。

DFラインのボール回しのときに、ふてぶてしい態度でトラップできるかどうかは、大きなポイントなのである。

ただ、サイドバックはライン際にいることが多いため、ついつい縦に偏ってしまう。とくに斜め方向を意識することが大切だ。

## ＧＫは評価するのが難しいポジション

ビギナーにとって、最も評価するのが難しいのがＧＫだ。

たとえば、ＧＫが横っ飛びして好セーブした場合を考えよう。「よくぞ、とった！」と拍手してほめてもいいが、もしＧＫが立ち位置を正しくとっていれば、正面で楽々キャッチできたかもしれない。そう、ＧＫはポジショニングが非常に重要なのだ。一般的に「派手なセービングが少ないほど、いいＧＫだ」と言われている。

もっと専門的な話になると、ＧＫが横に飛ぶときのタイミングのとり方も大切だ。実際にやってみるとすぐにわかるが、横に飛ぼうと思ったら、ひざを一度曲げて体重を下に落とし、そのバネを使って飛ばなければいけない。ジャンプには予備動作が必要になる。

当然のことながら、シュートを打つ側は、そのＧＫが体重を落とす予備動作のタイミングをずらして、シュートを打とうとする。ＧＫが予測するより前のタイミングで打ったり、予想するよりあとのタイミングで打つ。

有名なのが、２００２年日韓Ｗ杯のトルコ戦におけるブラジル代表のロナウドのゴールだ。ロナウドはペナルティエリアにドリブルで切れ込むと、ボールをつつくように右足を出し、つま先でボールをゴールマウスに流し込んだ。

一般的にシュートというのは、ぐっと踏み込んで、右足の甲や内側できちんと捉えて打つものだ。つま先はミスキックになることが多いので、ほとんど使われることはない。

だがロナウドは、そういう先入観を逆に利用して、あたかもボールを前に運ぶように足を出して、足のつま先でシュートを打った。GKはそのタイミングでシュートが来るなんて予想しておらず、反応が遅れ、いとも簡単にボールがネットに突き刺さった。

これはわかりやすい例だが、攻撃者とGKのタイミングの駆け引きは一瞬の出来事。プロの解説者さえ見逃すことがある。ましてそれがGKのミスなのかどうかは、スロー再生でも見なければジャッジできないことが多い。

## メンタルの強さも大切

またGKは、失点の責任を一番問われるポジションだけに、メンタルの強さも極めて重要になる。自分のミスで失点しても絶対に引きずってはならず、あとで反省するのはもちろん大切だが、その場ではむしろ人のせいにできるGKのほうがいい。

ドイツ代表の伝説のGK、オリバー・カーン（2008年に引退して現在は解説者）は、まわりを怒鳴り散らすことでミスした自分の気持ちをリセットしようとしていた。相手にかみついたり、跳び蹴りしたりは日常茶飯事で、コーナー・キックのときに相手ゴールまで駆け上がり、まるでバレーボールかのように手を使って〝幻のゴール〟を決めたこともあった（当然、レッドカードで退場になった）。

「好事魔多し」という格言があるように、GKというのは絶好調になればなるほど、自信が大きくなりすぎ、致命的なミスを犯してしまうこともある。

2006年ドイツW杯の日本対オーストラリア戦で、川口能活《よしかつ》は1失点目を喫するまでは、神がかったスーパーセーブを連発していた。しかし、その勢いを自分でも止められず、後半39分の場面ではロングスローに対して無理に飛び出してしまい、川口の出した手のわずか上をボールが越えて、ゴール前中央に落ちた。そこから日本は同点弾をくらい、チームは大混乱に陥って1対3で負けてしまった。GKは好調なときほど自信過剰にならず、平常心を保たなければいけない。

それゆえに世界ナンバーワンのGKと呼ばれるチェコ代表のペトル・チェフ（チェルシー）は心理学を勉強している。ロンドンのカフェでインタビューしたとき、彼はこう言った。

「自分の気持ちをコントロールすることが、GKにとっては大事だからね」

こういうメンタル的な要素もあるので、GKの良し悪しを判断するのは、本当に難しいことなのだ。

まずはテレビのリプレイのとき、GKの重心移動のタイミングをチェックして、

「シュートは右方向なのに、逆に動いて反応が遅れたぞ」（判断のミス）

「相手にタイミングをずらされ、横に大きく飛べなかった」（駆け引きのミス）

などがわかるようになればいい。

ただし、本書では一貫して「スロー再生なし」の観戦術にこだわってきたので、リアルタイムでGKの良し悪しを判断するポイントとして、次の評価基準を覚えておいてほしい。

①至近距離のシュートに対する反応（反射神経）
②クロスなどの高いボールの処理
③DFラインの裏に来たボールへの飛び出し（リベロとしての役目）

この3つの要素をすべてもっているGKは、世界でも限られている。

たとえばカーンは、2006年ドイツW杯のとき、正GKになることはできなかった。ドイツ代表のユルゲン・クリンスマン監督（当時）が、「カーンは前への飛び出しが遅く、リベロとしての役目を果たせない」と判断したからだ。

ドイツ代表はDFラインを高く保つ戦術を採用しており、その裏には大きなスペースがあった。そのスペースは、GKが飛び出してカバーしなければいけない。

監督はその役目を果たすには、カーンよりイェンス・レーマンのほうが優れていると考えた。カーンは至近距離の反応なら世界トップクラスだが、やや古典的なスタイルで、現代サッカーのGKに必要とされるフィールドプレイヤーとしての能力に欠けていたのである。

浦和レッズを率いるフォルカー・フィンケも、GKのフィールドプレイヤーとしての能力を重視する監督だ。

「GKは攻撃の第一歩」と考え、GKも積極的にパス回しに関与して、攻撃の組み立てのパーツになることを求める。普段の紅白戦で、GKをフィールドプレイヤーの位置で出して、足技を鍛えさせることがあるほどだ。

もちろんフィールドプレイヤーとしての能力は高くても、ほかに弱点のあるGKもいる。川口能活の場合、「①反射神経」と「③前方への飛び出し」が高く評価される一方で、「②ハイボールの処理」はしばしば課題として指摘されてきた。

つまり、GKはひとつ飛び抜けた武器があるより、能力のバランスがとれているほうが評価されるのである。

GKをチェックするときは、まず「反応・高さ・飛び出しの3拍子がそろっているか」をチェックすればいい。

# 第6章

# いい監督、悪い監督の見分け方

## 監督の仕事は「練習」と「采配」

監督の仕事を大きく分けると、「練習（スキルアップ&人材育成）」と「采配」の2つになる（なかにはイングランドのプレミアリーグのように経営面まで携わる監督もいるが、ここではあくまで通常の監督を対象にする）。

多くの国では監督のことを「トレイナー」と呼ぶように（たとえばスペイン語では「エントレナドール」。直訳すると「練習させる人」）、より重要なのは「練習」だ。

日々の練習の中で、選手のスキルを向上させ、11人がひとつのチームとして動けるように組織を植えつけていく。ポルトガルの名将モウリーニョは、「いかに練習を工夫して戦術を浸透させるかが、監督にとっての腕の見せ所だ」と言い切る。

練習は、目的別に次の3ステップに分けられる。

① 個人のスキルを向上させる練習
② チームの組織を向上させる練習
③ 対戦相手に応じた練習

選手はいくら選び抜かれたプロとはいえ、ピアニストが1日鍵盤を触らないだけで指先の感覚が鈍ってしまうように、日々、基本技術を磨くための反復練習が必要になる。ボールタッチの感覚を鈍らせないために、「①個人のスキル向上」の練習メニューを監督は用意しなければいけない。

また監督は、「②チームの組織向上」のために、選手の体に戦術が刷り込まれるようにメニューをつくる。たとえば、ゾーンプレスといった組織的な守備戦術は、口で説明しただけではなかなか選手に伝わりづらい。そこで選手の体が自然に反応するように、練習メニューを工夫するのだ。そして、試合が近づいてきたときには「③対戦相手に応じた」戦術的な練習をおこなう。たとえばDFの背が低いチームと対戦するなら、ロングボールを練習してもいいだろう。

具体的に、練習メニューを2つ紹介しよう。まずは、「組織を向上させる」練習から。

これはイタリア人のアリーゴ・サッキが考案したプレスの練習である（図27）。サッキはフィールドプレイヤーが連動して動けるようにするため、練習を3ステップに分けた。

まずステップ1では、ボールは一切使わない。11本のポールを立てて、監督が「○番のポールから○番のポールへボールが移動した」と口で言い、選手はボールをイメージしてプレスをかける。いわゆるイメージトレーニングだ。

これができるようになれば、ステップ2。今度はポールの代わりに相手選手を立たせる。ただし、相手選手は一切立っている場所から動かないという制限つきだ。そして、相手選手に決められた順番どおりにパスさせてプレスをかけていく。

最終段階のステップ3では、相手選手が動くことを許可する。つまり、普通の試合と同じ状況というこ

## 図27　プレスの練習の3ステップ

ステップ1

11本のポールを
相手に見たてて
プレスをかける

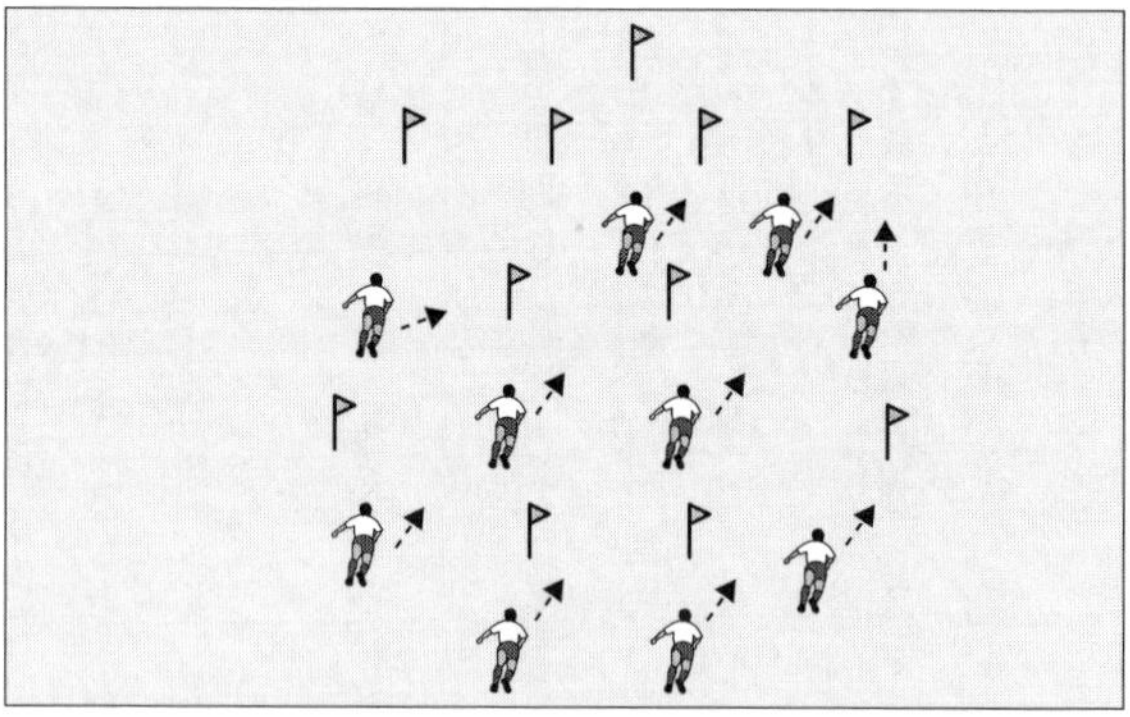

ステップ2

11人の動かない
相手を置き、
ボールを回させて
プレスをかける

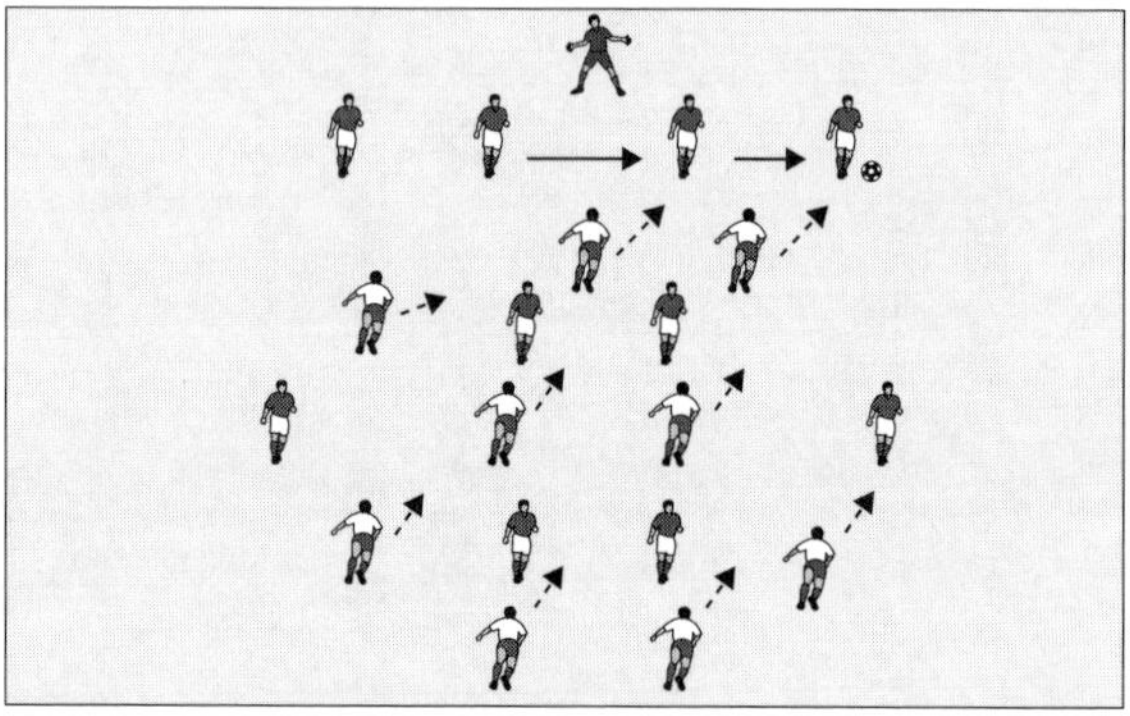

ステップ3

11人の動く相手に
ボールを回させて
プレスをかける

## 図28　バレンシア（2007年）が実際におこなっていた練習

対戦相手に応じた練習の例
（相手の攻撃が中央に偏っている場合）
サイドのエリアは何タッチしてもOK
中央のエリアは２タッチのみに限定
サイドのエリアは何タッチしてもOK
フリータッチゾーン
２タッチ限定エリア
フリータッチゾーン
優れた監督はタッチ数を巧みに限定して試合に近い状況をつくり出せる

とだ。

ただし、あくまで練習なので、ステップ2と同じように手順どおりのパスに限定する。こうやってステップをこなすことで、少しずつ組織的な動きが体に染みついていくのだ。

次に「対戦相手に応じた練習」も図28に示した。これは2007年、実際にバレンシアがビジャレアル戦前におこなった練習だ。

当時バレンシアを率いていたキケ・フローレス監督は、相手の攻撃が中央突破に偏っていると分析した。ということは、相手は中央に固まる傾向があり、逆にこちらがサイドから攻めればチャンスになるだろう。そこでキケは試合前の練習で、「中央では2タッチまでに限定し、サイドのエリアでは何タッチしてもOK」という特殊ルールを設定した。こういうルールにすれば、サイドはタッチの制限がないので、自然にボールが集まるだろう。相手が密集している中央ではシンプルにプレーし、相手が少ないサイドを崩すことを選手に意識させることができる。

いい監督というのは、練習の中でタッチ数やエリアを巧みに限定することで、実際の試合に近い状況をつくり出すことができるのである。


ただし、サッカーというのは残酷なもので、いくら優れた練習をしても、それがピッチで表現されなければ意味がないと判断されてしまう。やはり最も大切なのは、ピッチの上の結果だ。

だから観戦者としては、第1～3章の「いいチーム、悪いチームの見分け方」を使って、「組織力がない」と判断できたら、「その監督の練習はよくない」と結論づけていいだろう。選手のコンディションが悪かったり、モチベーションに問題があるという可能性もあるが、本来、その向上も練習に含まれているべきである。

## 采配が必要ないのが一番望ましい

では、もうひとつの監督の仕事、「采配」の良し悪しは、どうすればわかるのだろうか？　サポーターにとっては、試合中に最も気になる監督の能力である。

まず覚えておいてほしいのは、「采配が必要ない」ことが一番望ましいということだ。

なぜなら、采配というのは言い換えれば、「ゲーム前に用意していたプランを変更する」ということ。つまり、用意したプランどおりに試合が進んでいれば、采配はいらないからだ。プランが崩れたときに、采配が必要になる。

また、野球やバスケットボールと違って、サッカーにはタイムがないことも忘れてはいけない。もしタイムがあれば時間をかけて組織を修正できるが、サッカーにおいては基本的に「選手交代」でしか、流れを変えることができない。

サッカーという競技においては、監督に与えられるカードは極めて限定されているのである。

だから、試合中の思いつきやアイデアだけでは、いい采配を振るうことはできない。試合前にいかに準備しておくかが、采配のキーポイントになる。

# ありがちな采配ミス

ここで、よくある采配ミスを２つ紹介しよう。

よくある采配ミス ①

## 交代のとき、選手たちに監督の意図が伝わっていない

この代表例が、２００６年ドイツＷ杯の日本対オーストラリア戦の後半34分。１対０で日本がリードしており、オーストラリアの猛攻撃にさらされていた場面だ。

ジーコ監督はリードを守るために、ＭＦの小野伸二を投入した。中盤から確実にパスを散らして自分たちがボールをもち、試合をコントロールしようと思ったのだ。

しかし、小野もまわりの選手たちも、追加点をとることが監督の意図だと勘違いしてしまった。

ＤＦが疲れ切って、もうＤＦラインを上げられないというのに、小野や攻撃陣はどんどん前のスペースに走り込み、中盤に大きな穴ができてしまった。結局、そのスペースを使われて、日本はラスト8分間に3点を決められて逆転負けした。

ジーコ監督がもっときちんと選手に意図を伝えていれば、こんなことは起こらなかったにちがいない。

よくある采配ミス②

## 普段やらないシステムにしてしまう

「プロの世界で、こんなことがあるのか？」と不思議に思うかもしれないが、実際によくある。試合中に追い込まれ、判断力が鈍って普段練習していないやり方にしてしまうのだ。たとえばいつもは2トップなのに、FWを増やして4トップにしたとしよう。

もし、練習していなければ、4人のFWが連動して動けるわけがない。逆にゴール前の人口密度を高くしてしまい、スペースが潰れて、チャンスが減ってしまうだろう。前線に選手が4～5人並んでパスコースがなくなるというのは、ダメなチームの終盤によく見かける光景だ。4トップにするなら、その練習をしておかなければいけない。

いずれの失敗も、準備不足から生じたもの。いい采配をするためには、試合中の判断だけでなく、どんな展開になるかをあらかじめ予想しておき、準備しておくことが欠かせないのだ。

## 采配の狙いは2通りしかない

サッカーにおいて、試合の状況は「自分たちが勝っている」「同点」「自分たちが負けている」の3通りがあるが、監督の采配の狙いとしては次の2通りしかない。

**・点をとりたい**
**・逃げ切りたい**

「自分たちが負けているとき」もしくは「同点だが勝ちにいきたいとき」は「点をとりたい」に、「自分たちが勝っているとき」もしくは「同点のまま試合を終わらせたいとき」は「逃げ切りたい」に分類できるからだ。

「逃げ切りたい」ときは、対処療法的な交代をすることが多い。相手が背の高い選手を入れてきたら、こちらもヘディングが強い選手を入れるというように。

それに対して、「点をとりたい」采配は、受け身ではなく、自分たちが仕掛ける〝攻め〟の一手だ。やはり采配の上手・下手は、「点をとりたい」ときにこそ表れるだろう。点がほしいときには、主に次の4つの采配がある。

**①スーパーサブ・タイプを投入する**
**②システムを変更する**
**③DFラインを上げて、プレスの強度を上げる**
**④ロングボールを使う**

それでは、各采配について細かく見てみよう。

点をとりたいときの采配①

## スーパーサブ・タイプを投入する

守備陣にとって、試合終盤に出てくると非常に嫌なタイプの選手がいる。

それは「足が速い」もしくは「ドリブルが得意」なアタッカーだ。

試合終盤はどの選手も足に乳酸が溜まり、一瞬の体の切れがなくなっている時間帯だ。そんなときに足の速いＦＷにスペースに走り込まれたり、トリッキーなドリブルで仕掛けられると、１００％のコンディションなら止められても、疲れがあると対応できなくなってしまう。

つまり、点をとりたいときには、局面を打開できる「スーパーサブ・タイプ」を投入するのが有効だ。

これは、あらかじめこういう選手をベンチに置いておかなければできない采配だ。

**○ ベンチにスーパーサブ・タイプがいる**

**× ベンチにスーパーサブ・タイプがいない**

２００６年ドイツＷ杯のとき、ドイツ代表のクリンスマン監督はそれまで一度も代表に選んだことがなかったデビッド・オドンコというアタッカーを招集した。

オドンコはガーナ人の父親をもつハーフで、１００ｍを11秒台で走る俊足。クリンスマンは彼をスーパーサブとして前から目をつけておき、各国が研究できないように本番のタイミングで抜擢したのだ。オドンコは見事期待に応えて、グループリーグのポーランド戦で右サイドを駆け上がり、決勝ゴールをアシストした。

ここでひとつ注目してほしいのは、気持ちの「瞬発力」もスーパーサブに不可欠だということだ。

途中出場の選手は、アドレナリンが汗のように噴き出している選手の中に、突然飛び込まなければいけない。そういう激しい流れに乗れず、力を出し切れない選手も少なくない。スーパーサブは瞬間的に気持ちを爆発できるような、エネルギッシュなタイプのほうがいい。

キックオフ前、時間があったらベンチメンバーもチェックしてみよう。もしスーパーサブ・タイプがいないようなら、そのチームの采配の引き出しはひとつ少ないことになる。

点をとりたいときの采配②

## システムを変更する

どんなチームでも、キックオフ直後というのは相手のやり方がまだ把握できず、対応するまでに時間がかかるものだ。

どんな布陣なのか、誰がどの相手をマークすればいいのか、どんなパス回しをするのか……。当然、試合前にスカウティングをしていても、敵もバカじゃない。同じやり方をしてくるとは限らない。賢いチームほど素早く対応できるし、弱いチームになると対応できずに失点してしまう。

そういう「相手が何をやってくるかわからない」という状況を意図的に試合途中につくるのが、「システムを変更する」というやり方である。

たとえば中盤に4人いたのが、選手交代によって突然6人になったとしよう（DFとFWがひとりずつ減ったということ）。このとき相手チーム内では、いったい誰が誰をマークしていいかわからず、一瞬の混乱が生まれるはずだ。

そのバランスが崩れている瞬間を狙って総攻撃をしかければ、得点の可能性を高められる。

オランダ人のヒディンクや、ブラジル人のフェリペ・スコラーリのような切れ者の監督になると、わずか10分のあいだに連続してシステム（選手の配置）を変更させることがある。たとえば中盤の人数が4人↓6人↓5人というように。目まぐるしい変化に相手はついていけず、得点チャンスが格段にアップする。

ただしこういうシステム変更は、普段から練習しておかなければ、試合でうまくいくことはない。試合途中に監督が一声指示するだけで、一瞬で新しいシステムへと移行し、各選手が何をすればいいかわかっていなければダメだ。付け焼き刃でできる采配ではない。

**○　システム変更をあらかじめ練習している**

**×　システム変更をぶっつけ本番でやる**

また、ひとつ問題なのは、システム変更がパターン化すると、この采配はあまり効果を発揮しなくなるということだ。予想外の変化があるからこそ、システムを変更する意義があるのであって、相手に研究されて素早く対応されたら意味がない。

だから、この采配は1年間をかけて戦うクラブチームよりも、W杯やユーロといった短期決戦に臨む代表チームに適していると言える。ヒディンク監督が２００２年W杯で韓国をベスト4、２００６年W杯でオーストラリアをベスト16、ユーロ２００８ではロシアをベスト4に導くことができたのも、システム変更の達人だったからだ。

W杯を観戦するときは、各国の監督たちが試合途中にシステムをチェンジさせるかどうかにも注目してみてほしい。

点をとりたいときの采配③

## DFラインを上げて、プレスの強度を上げる

ゴールを狙うのに、手っ取り早い方法がある。なるべく相手のゴールに近い位置でボールを奪い、一気に攻撃に転ずることだ。

そのために守備のスタートラインを高い位置に設定し、すなわちDFラインを上げて、組織的にボールを狙いにいく。プレスをかけるときも、抜かれないことを前提にするのではなく、リスクを冒して相手の足元に飛び込む。

もしこれがうまくいってボールを奪うことができれば、その瞬間は相手の守備のブロックがまだ整っていないはずだ。そのときにゴール前にボールを運べば、ビッグチャンスになることは間違いない。

ただし、この采配には逆に失点するリスクを伴う。

DFラインを上げると、自分たちのゴール前に広大なスペースができ、一発のロングボールで失点しかねない。

また、一か八か相手の足元に飛び込んでかわされると、こちらの守備のバランスが崩れてしまうことがある。

とはいえ、リードされていたら得点しなければ負けるのだから、失点を恐れている場合ではない。

**○ リードされていたら、リスクを冒してプレスの強度を上げる**

**× リードされているのに、プレスの強度に変化がない**

もしリードされたまま後半の半ばを過ぎても、まだプレスの強度を上げないようなら、その監督の采配力は問われるべきである。

**点をとりたいときの采配④**

## ロングボールを使う

スーパーサブを投入し、システムを変更し、プレスの強度を上げてもまだゴールが決まらない……。そんなときは一か八か、相手ゴール前にロングボールを放り込むのも手だ。

前線にヘディングの強いターゲットとなる選手を置き、そこを目がけてロングボールを出す。もしヘディングに勝ち、こぼれ球がゴール前にいる味方の足元に渡れば、得点チャンスになる。

空中戦の場面では、相手も必死に競ってくるので、ヘディングで勝つのは簡単ではない。たとえ勝ったとしても、相手に体を寄せられるので、狙った位置にボールを落とすのは難しい。

ロングボール作戦は、まさに丁半博打のようなもの。多くのチームが苦し紛れにロングボールを放り込み、結局、ゴールを奪えずに試合終了のホイッスルを聞いてきた。

それでも、何もしないまま負けるよりはマシだ。

典型的なロングボールの成功例が、次のパターンだ。

**① 長身FWが自陣方向に戻るようにダッシュし、相手DFを引きつける**

**↓**

**② 味方がその長身FWにロングボールを出す**

**↓**

**③ 長身FWがヘディングでボールを後ろにそらしゴール前のスペースに落とす**

**↓**

**④ 走り込んだ選手がシュート**

長身FWが相手DFを引きつけて、スペースをつくるのがポイントだ。

ボールが動く方向と、選手が動く方向が逆だと、相手からのマークが外れることが多い。一方、受け手のFWたちの足が止まっていると、ロングボールの成功率はガクンと下がってしまう。

**○ ロングボールを放り込むとき、受け手がアクションを起こしている**

**× ロングボールを放り込むとき、受け手の足が止まっている**

また、少しでもこの采配が成功する確率を高めるためには、ロングボールの出し手のキック精度にもこだわる必要がある。遠くにいるターゲットがヘディングしやすい場所に、ピンポイントでロングパスを出せれば、ヘディングの勝率は格段にアップする。

ロングボール作戦が始まったときには、ボールの出し手に注目しよう。そこに優れたパスを出す選手がいれば、鮮やかな逆転劇が見られるかもしれない。


第1～3章の「いいチーム、悪いチームの見分け方」を使えば、監督が優れた練習をしているかどうかを判断できる。そして、本章で紹介した「いい采配、悪い采配の見分け方」を使えば、監督の采配力を測ることができる。

もちろん監督には選手の心をつかむ人心掌握術や、海千山千の代理人と渡り合う交渉力も必要だが、本書であげたポイントだけで監督の良し悪しをほぼ判断することができる。

# 第7章

# プロスカウトはどこを見ているか

## 非売品のドイツW杯分析本

ここまでの章では、「サッカーの見方」を、「チーム」「選手」「監督」にざっくり分けて、ポイントを絞ってあげてきた。

そのすべてを一枚の紙にまとめられれば、試合を見ながら照らし合わせやすいだろう。「チームの見方」（第1～3章）も「選手の見方」（第4～5章）も、ポイントの数が4＋4＋2になっている。ぜひ、「4―4―2」のフォーメーションの形にポイントを並べてみてほしい。ぐっと頭に入りやすくなるはずだ。

では、このポイントが頭に入り、いいチームと悪いチームが見分けられるようになったとしたら、次のステップとして、試合をどう見たらよりサッカーの魅力を味わうことができるだろう？

これまでに紹介したポイントをマスターしたら、あとは自分の好きなように観戦し、楽しむのが一番だ。しかし観戦術のひとつとして、「スカウトマンの視点」を知っておくのは無駄にはならないだろう。

スカウトマンというのは、相手のストロングポイントを探し、こちらが突くべき弱点をあぶり出すのが仕事だ。それと同時に、もっと大きな視座に立って、「いま世界のサッカーはどう変化しているか」というトレンドを分析するのも仕事のひとつである。もし、流行している戦術をきちんと分析し、その盲点を発見することができれば、勝利の確率を高められるからだ。

筆者は、ドイツに住んでいるとき、ドイツサッカー協会から2006年ドイツW杯の分析本『Analyse Weltmeisterschaft 2006』（ドイツサッカー協会刊）を手に入れることができた。

## 非売品のドイツW杯分析本『Analyse Weltmeisterschaft 2006』

ドイツのサッカー指導者に配られた非売品である。その中にドイツサッカー協会が使っているスカウトマンのフォーマットが掲載されていたので、本章ではそれを「教材」にすることにしよう。

## プロスカウトが見る10のポイント

ドイツサッカー協会のスカウト用紙には、10の報告すべき項目がある。それぞれの項目のドイツ語表記をカッコ内に付記した。

①システム・フォーメーション（Spielsystem/Grundformationen）
②組み立てのバリエーション（Varianten des Spielaufbaus）
③攻撃のコンセプト（Angriffkonzepte）
④守備のコンセプト（Defensivkonzepte）
⑤セットプレー（Standardsituationen）
⑥GKのプレー（Torhüter-Spiel）
⑦飛び抜けた選手（Herausragende Einzelspieler）
⑧シュート能力（Torabschlüsse）
⑨戦術の多様性（Taktische Variabilität）
⑩試合のハイライト（Spielerische Highlights）

それでは、プロスカウトが実際に試合でチェックする10の項目を順番に見ていこう。

プロスカウトのチェックポイント①

## システム・フォーメーション

システムとは、フィールドプレイヤー10人を、どうピッチ上に配置するかというポジションマップだ。いわゆる「4―4―2」や「3―5―2」といった選手のピッチ上の布陣である。サッカーのテレビ中継を見ると、たいていキックオフ前にシステムの図が画面に出てくる。監督がどんなシステムを採用しているかは、まずスカウトマンがチェックする項目である。ただし、あまりにもシステム論に深入りすると本質が見えづらくなってしまう。本書では、簡単に触れる程度に留めることにしよう。

フォーメーションには大きく分けると「4バック」と「3バック」の2つあるが、どちらを選ぶかはチームにいるDFのタイプと監督の好みによって決められる。一方が戦術的に上ということはない。

ただし、どちらを採用するにせよ、それぞれ最低限満たさなければいけない前提条件がある。

4バックの場合、3バックに比べて後方に大きなスペースが生まれることが多いので、2人のセンターバックのうち最低でもひとりは足が速くなければいけない。もし、足の速いセンターバックがいなければ、そういうチームは4バックにするべきではない。

一方、3バックの場合、2人のセンターバックが相手FWをマークし、もうひとりのスイーパーが背後のスペースをケアするのが一般的だ（元日本代表のフィリップ・トルシエ監督が好んだフラット3などの

図29　サッカーにおける3大システム

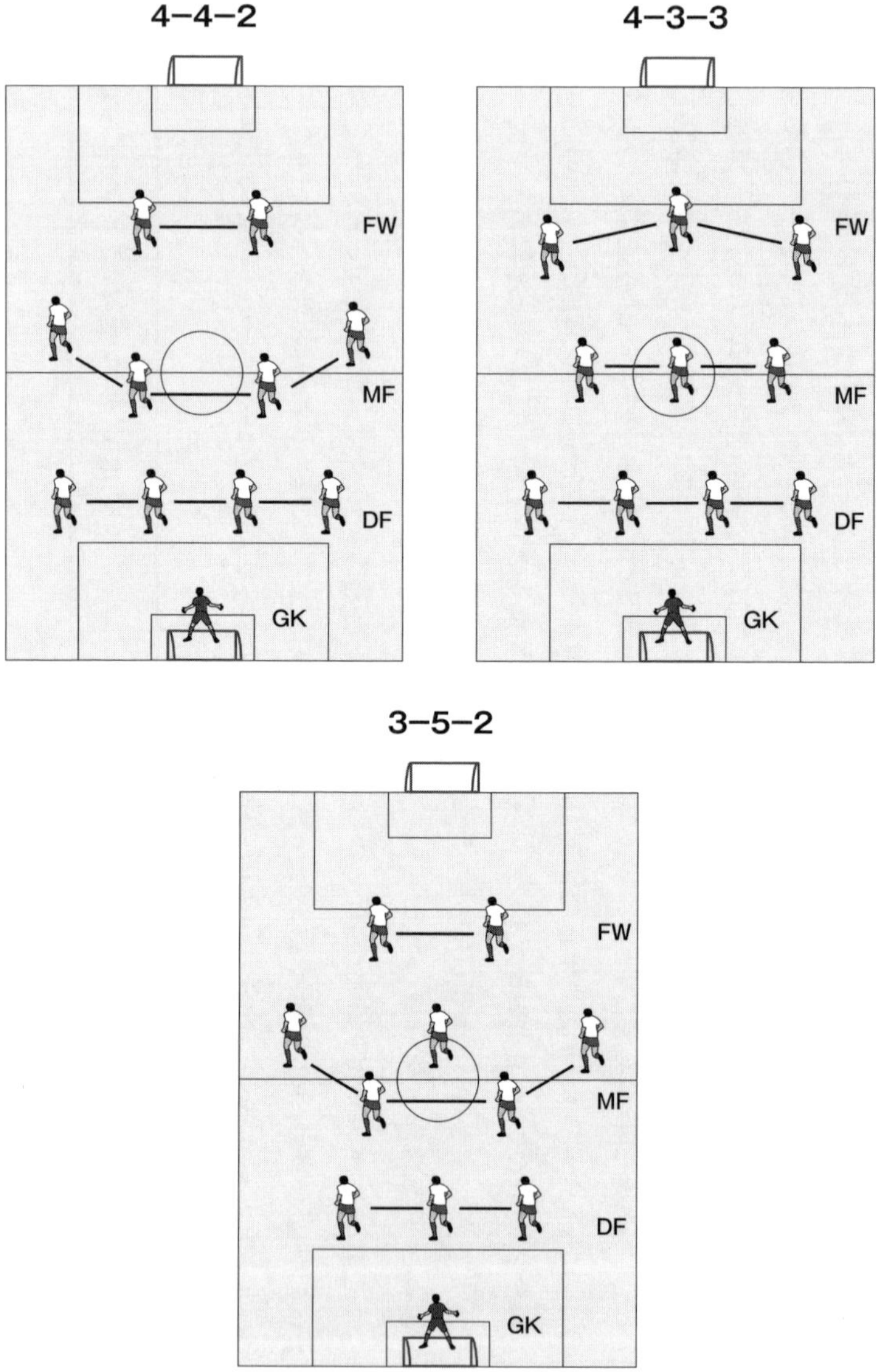

例外はあるが、ここでは特殊な例は除外することにしよう）。

3バックはマンマークがベースとなっているため、いくら後ろにスイーパーが控えているとはいえ、センターバックは「人に強いタイプ」（第5章を参照）であることが望ましい。イメージとしては、背が高くてヘディングが強いセンターバックだ。人に強いセンターバックが2人そろわなかったら、3バックは採用すべきではない。

**☑ 4バックのチェックポイント——足が速いセンターバックがいるか？**
**☑ 3バックのチェックポイント——人に強いセンターバックがいるか？**

もちろん世の中には、足が速くて、人に強いセンターバックもいる。そういう場合はシステムの選択肢が広がることになる。

ただし、すでに第5章で触れたように、ここ数年のあいだに3バックを採用するチームは少数派になり、世界のトップチームの9割以上が4バックを採用するようになった。ここでも話を絞って、4バックの代表的なシステムについて、ざっとチェックポイントをあげていこう（図30）。

### ・中盤が「ダイヤモンド型の4―4―2」

このシステムは、トップ下に位置する「10番」の能力を活かすためのシステムと言ってもいい。「10番」がFWに近い位置で、ゴールに絡む仕事に集中するために、残りのMF3人は攻守のつなぎ役としてピッチを走り回る必要がある。

中盤をダイヤモンド型にしているチームのレベルは、トップ下にいる「10番」を見れば測ることができる。

### ☑ ダイヤモンド型の4―4―2のチェックポイント――優れた10番がいるか？

### ・中盤が「ボックス型の4―4―2」

2列目にいるMFが左右に張り出しているため、トップ下のエリアにスペースが広がっているのがこのシステムの特徴だ。全体をコンパクトに保たないと、どうしても2人のFWが前線で孤立してしまう。そこで鍵を握るのは2列目にいる左右のMFだ。守備から攻撃に転じたとき、どれだけ早くFWをサポートできるかが鍵になる。一般的に中盤をボックス型にしたとき、左右のMFは足が速いほうがいいと言われる。

### ☑ ボックス型の4―4―2のチェックポイント――左右のMFの足が速く、FWをサポートできるか？

### ・4―3―3

システム上はFWに3人がいることになっているが、そのうち2人はサイドに位置し、実質、最前列の真ん中にいるFWは1人だけだ。せっかくまわりがチャンスをお膳立てしても、中央にいるFWがシュートをはずしたら意味がない。このシステムの場合、センターFWの得点能力に、チームのレベルは大きく依存することになる。

### ☑ 4―3―3のチェックポイント――センターFWの得点能力は高いか？

図30　各フォーメーションのチェックポイント

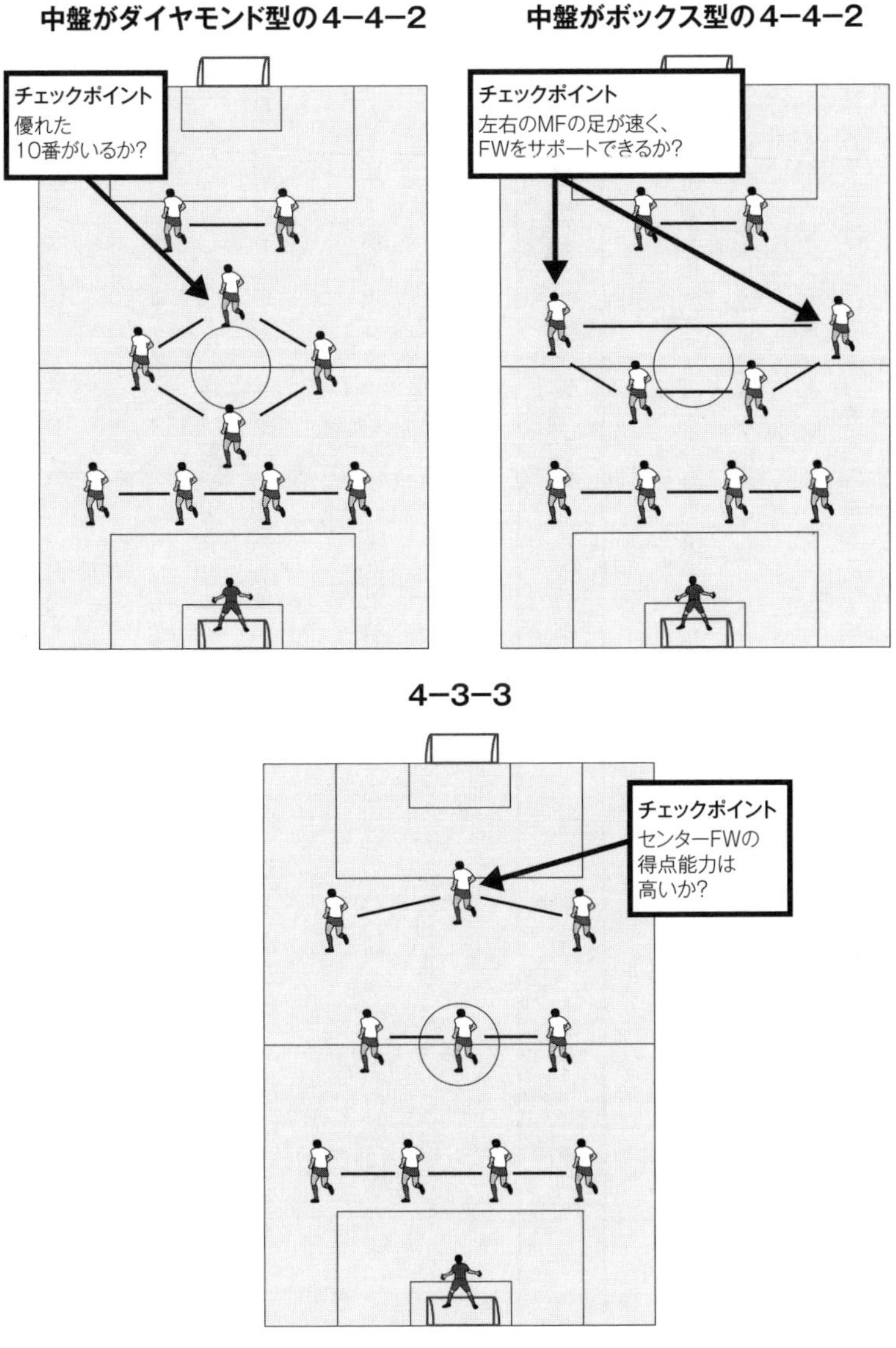
中盤がダイヤモンド型の4−4−2
チェックポイント
優れた
10番がいるか?
中盤がボックス型の4−4−2
チェックポイント
左右のMFの足が速く、
FWをサポートできるか?
4−3−3
チェックポイント
センターFWの
得点能力は
高いか?

以上、主なシステムのお手軽なチェックポイントを紹介したが、それぞれのシステムで鍵を握る選手に共通点があることに気がついただろうか？　それはどんなシステムでも、まわりにチームメイトが少ない選手が重要だということだ。

「ダイヤモンド型の4—4—2」なら「トップ下」、「ボックス型の4—4—2」なら「左右のMF」、「4—3—3」なら「センターFW」。各システムにおいて、このポジションはまわりに味方が少ない。ひとりに与えられたスペースが広く、彼らの動きの質が落ちると、攻守のつながりが一気に悪くなってしまう。

サッカーはわずか1mのポジショニングが勝敗を分けることもあるだけに、システム論は奥が深い。ただ、まずはまわりに味方が少ない選手に注目しておけば、システムの良し悪しをチェックできる。

## プロスカウトのチェックポイント②　組み立てのバリエーション

どんな人間にも癖があるように、サッカー選手にも得意なプレーと苦手なプレーがあり、それが試合中に傾向としてあらわれてしまう。だからどんなチームにも、攻撃の組み立ての種類にはパターンがあり、バリエーションに限りがあるのだ。

主な攻撃の組み立ては、次のようなものがある。

### 1　ロングボール

一気にゴール前に迫ることができるのが魅力。ただ、ドイツサッカー界に「速達を送ると、すぐに速達が返ってくる」という格言があるように、ロングボールのこぼれ球が相手に渡ると、逆に一気に攻められるリスクがある。それでもうまくいけば、これほど効率のいい組み立てはなく、最も原始的で最も野蛮な、パワーに満ちた攻撃法だ。

### 2　カウンター

相手からボールを奪って、なるべく早く攻める。相手の守備の組織が整う前に、攻め込めるのが最大の利点。受け身のやり方なのでネガティブなイメージをもたれがちだが、よく訓練されたカウンターは機能美がある。高い位置でボールを奪うほど大きなチャンスになるが、前線でのプレスがかわされると、逆に自分たちの中盤にスペースができてピンチになる。

### 3　サイド攻撃

ボールをサイドに展開し、サイドからクロスを上げて、ゴール前で待ち受けたＦＷがシュートする。イングランド代表のデビッド・ベッカムのような質の高いクロスを上げられる選手がいれば、サイド攻撃だけでゴールに結び付けられる。また、ドリブルで突破できる選手がいると、さらにサイド攻撃の威力が増す。現在のサッカー界で、最もオーソドックスな攻め方だ。

4 ショートパス

ショートパスをつないで、ゴール前でフリーの選手をつくり、シュートまでもっていくやり方。パスとトラップの高い技術が求められる。

プロのスカウトの場合、こういう大雑把な分類だけでなく、そこにセンターバック、サイドバック、ボランチがどう関わるかを細かく分析し、チームごとのパターンを見出すのが仕事だ。たとえば日本代表ならば、DFが遠藤保仁にボールを預け、そこから攻撃が始まるというように。

バリエーションの多さ・少なさを見極めるのは場数を踏むことが必要で簡単ではないが、「このチームはワンパターンかどうか」ということを意識しておくだけで、間違いなくサッカーの見方のレベルが上がる。

## ○ 組み立てのバリエーションが多い

## × 組み立てがワンパターン

サッカーは「相手との駆け引き」のスポーツなので、試合前にいくらプランを練り上げておいても、相手がこちらの特徴を潰してきたら、行き詰まることがある。そういうときに攻撃の組み立てにバリエーションが多く、柔軟に、臨機応変に、切り替えられるチームは強い。

## 図31　組み立てのバリエーション

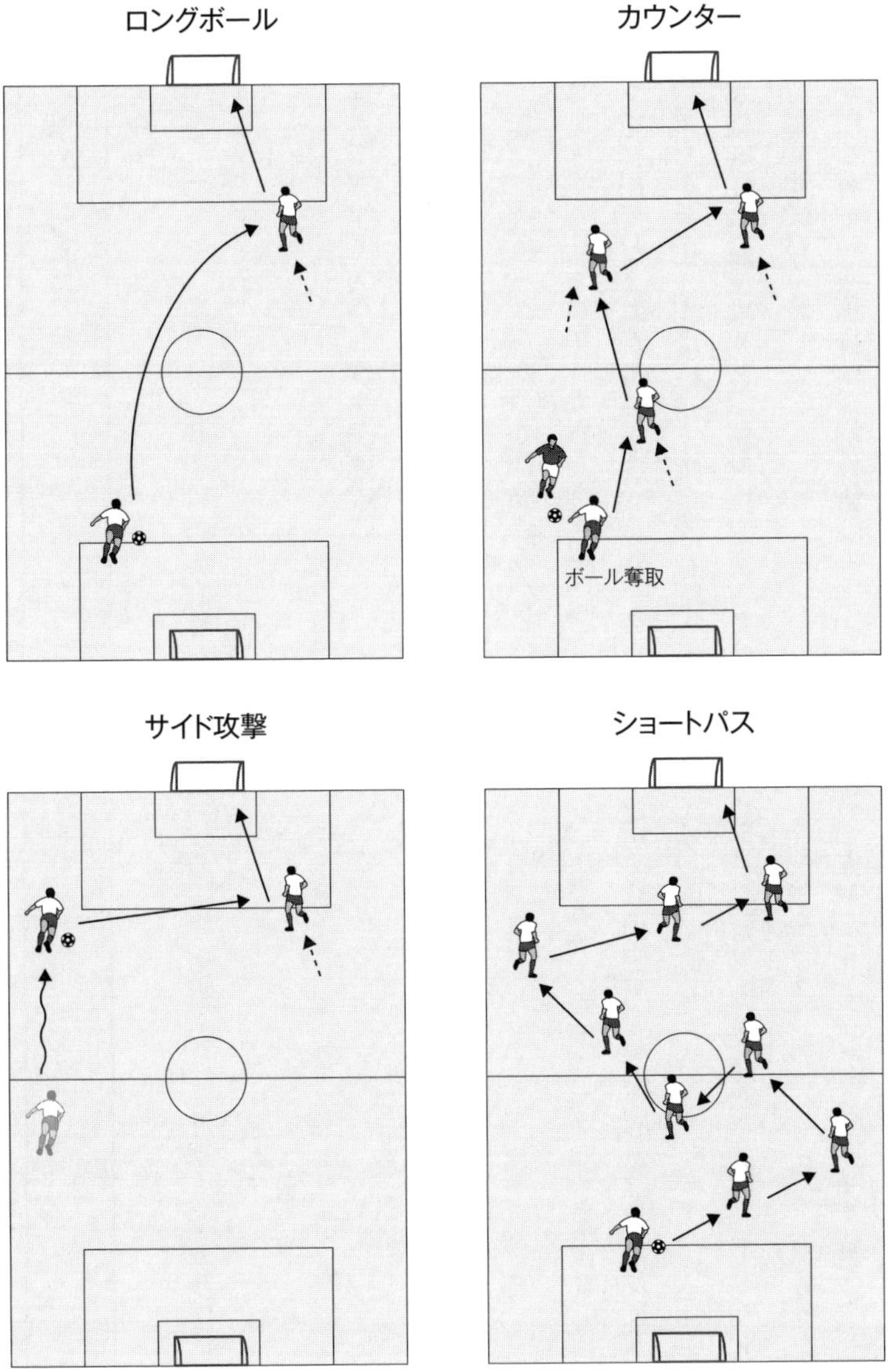
ロングボール
カウンター
ボール奪取
サイド攻撃
ショートパス

プロスカウトのチェックポイント③

## 攻撃のコンセプト

サッカーでいうコンセプトとは、チームの方向性・基本方針のことだ。攻撃のコンセプトは大雑把に見て、次の2つに分けられる。

**・ボールを奪って素早くカウンター（速攻）**
**・パスを回して相手の守備の穴を探す（遅攻）**

要するに、急いで攻めるか、ゆっくり攻めるかということだ。

一般的には力の劣るチームが「カウンター狙い」（速攻）で、力に優るチームが「パス回し重視」（遅攻）のコンセプトを採用することが多い。ゆっくりパスをつないで攻めると相手の守備陣形が整ってしまうというデメリットがあるが、相手にボールを奪われにくいというメリットがある。

もちろん臨機応変に「速攻」と「遅攻」を使い分けることが望ましいが、世界のトップレベルのチームでもその両立は簡単ではない。

選手の質が限られている場合は、割り切ってコンセプトをはっきりさせたほうが、危険な攻撃を仕掛けられることが多い。

○ **攻撃のコンセプトが明確**

× **攻撃のコンセプトが明確でなく、すべてが中途半端**

あれこれ欲張ったら、すべてが中途半端になるのは人生と同じである。

プロスカウトのチェックポイント④

## 守備のコンセプト

守備のコンセプトも、大きく2つに分けられる。

**・マンマーク・ディフェンス：特定の相手をマークする**

**・ゾーン・ディフェンス　：自分の持ち場に入ってきた相手をマークする**

ただ実際には、この2つをミックスして守備のコンセプトをつくる監督が多い。たとえば、相手が自陣の3分の1のエリア（アタッキング・サード）に侵入してきたら「マンマーク」にして、それ以外のエリアでは「ゾーン・ディフェンス」にするというように。

だから、スカウトたちは「マンマーク」と「ゾーン・ディフェンス」が切り替わる境界を見極めるのが重要な仕事だ。その境界がわかると、相手のマークをうまく引きつけて、スペースをつくり出す、といった作戦を練ることができる。

## セットプレー

ＦＫやＣＫといったセットプレーは、ボールを止めた状態で始める特殊なプレーだ。ボールが動いている「流れの中」でのチームの強さと、ボールが止まった「セットプレー」でのチームの強さはまったく別物と考えなければいけない。セットプレーからの得点力を測るには、次の2点をチェックすればいい。

**・優れたキッカーがいるか**
**・背の高い選手が何人いるか**

いいキッカーがいる場合は、試合に押されているとか押されていないといった流れには関係なく、突然、セットプレーでゴールが決まることがある。

また、セットプレーというのは、「攻める」方だけでなく、「守る」方も失点しないために非常に重要だ。とくにコーナー・キックの守備は疎かにできない。

流れの中の守備と同じように、セットプレーの守備も「マンマーク・ディフェンス」と「ゾーン・ディフェンス」がある。これもどちらが優れているということはなく、それぞれに長所と短所がある。

**セットプレー時のマンマーク・ディフェンス**

長所　：各自のマークの責任がはっきりしているので、マークがずれにくい
短所①：マークを引きつけられてスペースが空き、そこに走り込まれてヘディングされることがある
短所②：各自が1対1の勝負になるので、相手より高さが劣る選手を狙われると厳しい

**セットプレー時のゾーン・ディフェンス**

長所　：各自が指定されたゾーンを守るので、スペースに穴ができづらい
短所①：人を見落として、完全にフリーになる選手が出ることがある
短所②：相手が後方から勢いよく走り込んでくると、それに対して、こちらはその場でジャンプして飛ぶので、高さで負けやすい
短所③：クリアしたこぼれ球が相手に渡り、すぐにクロスを上げられると、ゾーンの割り振りが混乱して、フリーの相手を見落としやすい

一般的にはセットプレーの守り方としては、マンマークのほうがリスクが少ないと言われている。

## GKのプレー

プロスカウトは「ハイボールに弱い」といったGKのウィークポイントを探すだけでなく、GKがフィールドプレイヤーとどうかかわっているかもチェックする。つまり、GKを〝11人目〟のフィールドプレイヤーとして見ているのだ。

**・リベロとしてのかかわり：どれくらい前に飛び出して、DFラインの裏をカバーしているか**

**・パス配給役としてのかかわり：攻撃のときに、どれだけ効果的なパスを出しているか**

GKの能力そのものの見方については、第5章を参照してほしい。

## 飛び抜けた選手

飛び抜けた選手とは、ドリブル、スピード、フィジカルの強さなど、どんな手段を使ってもいいから、「1人」で相手の守備陣に穴を開けられる選手のことだ。

もしこういう選手がいると、守る側は2人以上のマークをつけなければいけないので、マークの「足し算・引き算」の計算が一気に狂うことになる。つまり、飛び抜けた選手が多いチームほど、数的に優位な場面を多くつくることができ、その分、勝利する確率が高くなる。

試合前、メンバーが発表されたら、まずは両チームにいる「飛び抜けた選手」の人数を数えてみよう。たとえば2008年の世界クラブ選手権の準決勝、マンチェスターU対ガンバ大阪の試合だったら？　マンチェスターUには、クリスティアーノ・ロナウド、ギグス、テベス、スコールズら、少なくとも4人が先発メンバーにいた。ガンバには遠藤保仁ひとりだけ。実際の試合では、マンチェスターUが5対3で勝利した。

チームの勝敗を占ううえで、「飛び抜けた選手の数」を見るのは簡単なので、ぜひ利用してほしい。

プロスカウトのチェックポイント⑧

## シュート能力

プロスカウトはFWやMFのシュートの正確性、素早さ、パワー、強引さ、狡猾さをチェックしている。いくら攻撃の組み立てがうまくても、最後のシュートがネットに突きささらなければ、何の意味もないからだ。逆にどんなに攻撃の組み立てが拙《つたな》いチームでも、ゴール前にシュートがうまいFWがいると非常に危険だ。

シュート能力は、チームのレベルを測るうえで欠かせない項目のひとつである。

## 戦術の多様性

「②組み立てのバリエーション」で見たように、サッカーは試合の流れに応じて、いかに臨機応変にプレーを変えられるかが重要なスポーツだ。強いチームほど、戦術の引き出しが多く、さまざまな状況に対応できるようにしている。

選手交代によるシステム変更、背の高い選手を利用したパワープレー、リスクを負った前線からのハイプレスといった、試合中の戦術変更（采配）の数と考えればいい。采配の種類については、第6章を参照のこと。

## 試合のハイライト

何が勝負の分かれ目になったかといった、いわゆる試合の総括だ。ただし、新聞のマッチレポートと違うのは、スカウトがチェック項目にはないが、どうしても気になった相手の特徴を、この欄に書き込むということだ（たとえば選手Aのひざの状態が悪そうだったなど）。時にサッカーでは、こういう直感的な情報が思わぬ効果を発揮することがある。

以上、プロスカウトの視点を紹介してきた。

まずは日本代表の試合などでチェックポイントをひとつずつ試してみてほしい。スカウト気分を味わえば、見方の幅がぐっと広がるはずだ。

# 第8章

# 現時点の最も高度なサッカーとは

## 現時点で世界最高のチームは？

演劇でも、絵画でも、音楽でも、その分野における一流の作品に触れることは、目や耳を養ううえでとても大切なことだ。たとえば画家を目指す人なら、一度はオランダのアムステルダムのゴッホ美術館を訪れ、『ひまわり』を自分の目で見たいと思うはずだ。

一流を見る大切さは、サッカーでも同じである。世界のトップチームとなれば、パスのスピード、トラップの正確さ、プレーのイメージが、同じサッカーかと目を疑うほどハイレベルになる。

では、現時点で世界最高のチームはどこだろうか？

その質問をしたとき、いま世界で最も票を集めるであろうチームは、スペインのＦＣバルセロナだ。バルセロナは２００９年5月にＵＥＦＡチャンピオンズリーグで優勝し、欧州王者に輝いた。密集地帯であっても、どんどん選手が飛び込んでパスをもらい、あっという間にゴールを決めてしまう。

特徴のひとつは、ほとんどパスミスがないことである。

足元から足元へ、ボールが機械のように正確に、選手を経由して運ばれていく。まるで手でキャッチボールするかのようにパスをつなぐことから、地元では「ハンドボール・サッカー」と呼ぶ人もいる。

多くのチームは、相手の激しい守備を避けて、サイドから攻撃の突破口を見出そうとする。それに対してバルセロナは、相手の懐に飛び込むのを楽しむかのように、かまわず中央突破を仕掛ける。

いったいなぜバルセロナは、密集地帯でもパスをつなげるのだろう？

## バルセロナが密集地帯でもパスをつなげる理由

ここまで読んでくださった方なら、ピンと来たかもしれない。

その秘密は、第4章で紹介した「MFのチェックポイント――①走っている選手の足元にパスを合わせられるか?」と大きく関係している。もう一度、復習をかねてそのポイントを書いておこう。

**・難易度【基本】　立ち止まっている選手に正確なパスを出す**
**・難易度【中級】　走っている選手の前のスペースに出す（スルーパス）**
**・難易度【上級】　動いている選手の足元にピタリと合わせる**

現在のサッカー界を見渡すと、標準的なレベルのチームのほとんどが、誰かがつくった「スペース」にほかの誰かが走り込んで、そこにパスをするというサッカースタイルだ。いわゆる「スペースを使うサッカー」である。

これなら難易度・中級レベルの選手でも、正確にパスを回すことができる。しかし、こういうサッカーは、相手にスペースを消されてしまうと途端にパスの流れが滞るという短所がある。

それに対してバルセロナには、「動いている選手の足元にピタリとパスを出せる」選手がずらりとそろっている。

バルセロナの攻撃を細かく分解してみよう。

**①パスの受け手が、サイドステップや一種のフェイントで、相手のマークを50cmから1m外す**

**⬇**

**②パスの出し手が、受け手がマークを外した瞬間を見逃さず、動いている受け手の足元にドンピシャでパスを出す**

**⬇**

**③パスが通った瞬間、今度は別の場所で選手がアクションを起こし、新たなパスの受け手となる**

**⬇**

**④あとはその連続で、ゴール前に迫る**

つまり、マークを外す動きと、足元へのパスを連続させることで、密集地帯でもパスを回すことが可能になるのだ。バルセロナにとっては、スペースの狭さなど一切気にならない。

ただし、これは口で言うほど簡単なプレーではない。しつこいようだが、これは本当に高度な技術なのである。

パスの出し手は味方が動く瞬間を予想しなければいけないし、マークを外すといってもわずか50cmほどの距離なので、針の穴を通すような正確なパスが求められる。パスがボール1個分ずれてもダメだ。これを0・01秒の世界でやるのだから、実際にできる選手が限られているのは当然だろう。

このときパスの受け手が注意すべきは、ボール保持者が見ていないのに動いても意味がないということ。ボール保持者が目線を上げ、ルックアップした状態になってから、アクションを起こさなければいけない。

もちろん標準的なチームでも、足元から足元へパスがつながることがあるが、それを基本コンセプトにまで高め、90分徹底できるチームはバルセロナくらいしかない。

現時点で、バルセロナの足元へのパスが連続したサッカーは、世界の最先端を突き進んでいる。ぜひテレビでバルセロナの試合を見かけたら、密集地帯に飛び込んでパスをつなぐ「パーフェクト・フットボール」を味わってほしい。

## サッカーの見方を変える10の方法

かつてある物理学者が、こんなことを言った。

「美しい理論は、ハガキ一枚の中に収まる」

本書ではこれまで、「チーム」「選手」「監督」「スカウト」といったさまざまな視点から、サッカーにおける良し悪しを見分けるチェック法を、ポイントを絞って紹介してきた。ただ、それでもまだハガキ一枚に収まるほどには絞り切れていない。

そこでこの最後の章では、「サッカーの見方を変える10の方法」と題して、とりわけ重要なものを厳選したいと思う。

①ボールが前に進んでいるか？（はじめに）
②ボールを追い越していく選手がいるか？（第1章）
③ゴール前に飛び込む選手がいるか？（第1章）
④DFラインの前をブロックできているか？（第1章）
⑤1人あたりのプレー時間が2秒以内か？（第2章）
⑥縦パスが入っているか？（第3章）
⑦動いている選手の足元にパスをドンピシャで合わせているか？（第4章）
⑧DFラインがペナルティエリアの幅にちょうど収まっているか？（第5章）
⑨組み立ての種類が2つ以上あるか？（第7章）
⑩飛び抜けた選手が1人以上いるか？（第7章）

これらの10項目は、2002年にサッカーについて書く仕事を始めてから、ヨーロッパ、南米、日本の監督たちからヒントを頂き、気がつかせてもらった「サッカーの見方」のベスト10だ。自分自身、監督に会うたびに新たな視点が開け、「見方」の階段を上げさせてもらった。そのステップを凝縮したものとも言える。

なかにはいくつかのポイントを合体させたものもあるので、ざっとおさらいしよう。

**①ボールが前に進んでいるか？（はじめに）**

ボールが前に進まなければ、ゴールできるはずがない。ボールが横方向ばかりに動いているチームは、リスクを冒す勇気がないことを告白しているようなものだ。ボールが前に進んでいるかは、攻撃がうまくいっているかのバロメーターになる。

**②ボールを追い越していく選手がいるか？（第1章）**

ボールを追い越す選手がいると、パスコースが増えるというメリットが生まれる。さらにもしパスが通れば、その選手はスピードに乗った状態でボールをもてるので、より危険なプレーをすることができる。

**③ゴール前に飛び込む選手がいるか？（第1章）**

サイドからクロスを上げるとき、ゴール前に飛び込む選手が多いほど、得点の確率が高まる。

**④DFラインの前をブロックできているか？（第1章）**

いわゆるバイタルエリアを空けてはいけないということ。

**⑤1人あたりのプレー時間が2秒以内か？（第2章）**

素早く相手ゴール前に迫ることができれば、相手が陣形を整える前に攻撃することができる。

**⑥縦パスが入っているか？（第3章）**

縦パスは攻撃をスピードアップさせ、スイッチを入れられる。

**⑦動いている選手の足元にパスをドンピシャで合わせているか？（第4章）**

スペースにパスを出すと、ボールに追いつくまでにゼロコンマ何秒、余計に時間がかかる。足元にパスが入れば、その時間は実質ゼロになり、攻撃をスピードアップできる。

**⑧DFラインがペナルティエリアの幅にちょうど収まっているか？（第5章）**

守備のとき、DF同士の距離はとても大事だ。DFどうしが離れていると、ザルのように穴だらけの守備になってしまう。4バックがちょうどペナルティエリアの幅に収まっているのがいい。

**⑨組み立ての種類が2つ以上あるか？（第7章）**

攻撃の組み立てが多ければ、相手は読みづらくなる。試合のいろんな状況に対応できる。

**⑩飛び抜けた選手が1人以上いるか？（第7章）**

飛び抜けた選手がいるかいないかで、チームは別物になる。

すべての項目が頭に入り、サッカー観戦のベースができたら——。

大げさかもしれないが、ヨーロッパのサッカー通とも、立派にサッカー談義に花を咲かせられるはずだ。

しかし、最後にひとつ注意がある。あまりにも理論を気にしすぎてしまうと、ある部分には気がつけても、全体を見失ってしまう可能性があるということだ。やはりサッカーには、インスピレーション（直感）も大切だ。自分だけの、自分にしかない直感こそが、理論を真に使えるものにする。

アヤックス・アムステルダムのスカウト責任者は、こう言っていた。

「わがアヤックスでは、選手を獲得するときに約200項目のチェックリストがある。でも、一番参考になるのは、その紙の裏にメモのように書かれた、スカウトのちょっとした一言であることが多いんだ」

日本サッカー協会の川淵三郎名誉会長は、「感性が大事」と言う。

「誰もが最初は、『なんでそんなプレーができないの？』と疑問をもつんですよ。ところが、だんだん経験を積んでいくと、できない理由が見えてきて、それを疑問に感じなくなってしまう。だから大事なのは、どれだけ最初の感性をもち続けられるかどうか。たとえばサッカーをはじめて見た奥さん連中が、『なんでこうしないんですか？』というのは100％当たっている。『なんでシュートしないんだ』とか『なんでパスしないんだ』とか。ところがだんだん技術的な難しさがわかってくると、『相手の足が出てくるから打てない』と思うようになってしまう。『相手の足に当たって入る可能性があるから打ったほうがいい』と最初の直感に戻るまでにはだいぶ時間がかかるんです」

理論をしっかりもち、それでいて初心者のようなインスピレーションを忘れない。

これができれば、あなたはもう超一流の観戦者だ。

# おわりに

そもそものきっかけは、打ち合わせでの何気ないやりとりだった。

東洋経済新報社の中里有吾さんは、これまでにさまざまなヒット作品を手掛けてきた敏腕編集者だ。だが、サッカーに関してはほぼ初心者である。だから、こんな恐ろしいアイデアを思いついたのだろう。

「サッカーを○×で判定することはできますか？」

サッカーは正解がないスポーツだと言われる。試合展開や状況によって判断の優先順位が目まぐるしく変わり、数学の方程式のように常に答えが決まっているわけではない。だから、それを○×で白黒はっきりさせようなんてまったく大それた発想で、「できるわけがない！」というのが第一印象だった。

しかし同時に、おもしろいぞ、とも思った。

先入観や思い込みを整理してあらためて深く考えてみると、ある程度の例外に目をつぶれば、これだけは常に遵守されるべきという「サッカーの常識」はたしかに存在する。たとえば、「守備をコンパクトに保つ」といったよく知られたものから、「DFラインは相手がバックパスしているときに上げたほうがいい」といったあまり知られてないものまで。実際、自分が監督や選手にインタビューするときに聞いてきた「サッカーの見方のポイント」は、まさにその○×だということに気がついた。

サッカーを○×で判定しよう――。

今回、その挑戦をやり遂げるには絶対に図が欠かせなかったが、デザイン事務所アイランド・コレクションの方々の技術と尽力により、素晴らしい図をつくっていただけた。筆者である自分が言うのも何だが、文章を読まずにイラストを眺めるだけで内容のほとんどを理解できるのではないか、というくらい期待どおりの図をそろえていただけた。

本書を締めくくる前に、次の方々にお礼を申し上げたい。

目からウロコが落ちるほどにサッカーの見方を変えてくれた解説者の風間八宏さん（現筑波大学監督）、オランダサッカー協会の監督講習の授業を基礎から応用まで丁寧に教えてくれた林雅人さん（現東京23FCヘッドコーチ）、監督室まで招いて最新の戦術ソフトを見せてくれたキケ・フローレスさん（現アトレティコ・マドリード監督）。この3人は筆者にとって「サッカーの見方」の恩師だ。

また、ロシア代表のフース・ヒディンク監督（2010年夏からはトルコ代表監督）、元ブラジル代表のカルロス・アルベルト・パレイラ監督（現南アフリカ代表監督）、スペイン代表のビセンテ・デルボスケ監督、元日本代表のフィリップ・トルシエ監督、浦和レッズのフォルカー・フィンケ監督、FC東京の城福浩監督、関西学院高校サッカー部の山根誠監督には、雑誌のインタビューで自分が知らなかったディティールに気づかせてもらった。

本書にはさまざまな名将のコメントを引用していますが、すべての文責は筆者にあります。

本書によって、筆者が取材現場で味わってきた興奮を追体験し、ピッチで起こっているちょっとした駆け引きを味わってもらえるようになれば、これほど嬉しいことはありません。

木崎　伸也

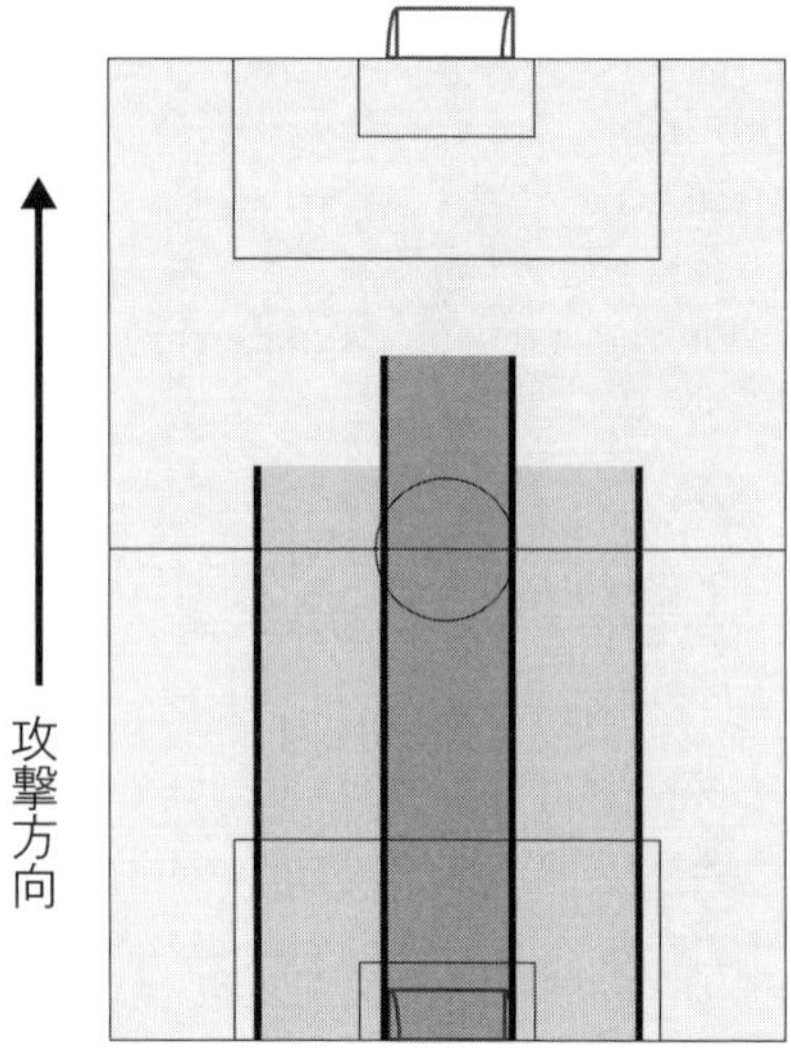


オランダ版バイタルエリア

●中央エリアはDFラインも中盤も常に空けてはいけない

●外側のサイドのエリアにボールをもった相手が来たらマークする。ボールをもっていなかったらマークしなくていい

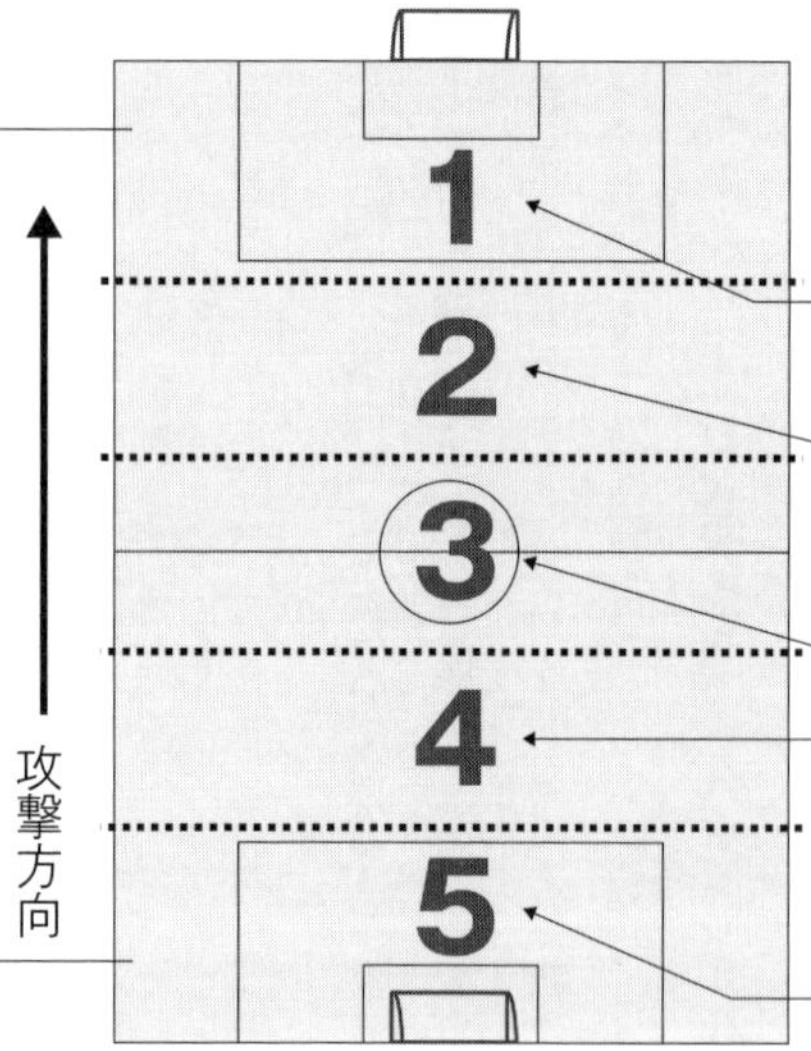


オランダ版アタッキング・サード

●ゾーンは5つに分けられる

①ダイアゴナルランとクロスで攻めるエリア

②高い位置でボールを奪いたいときに激しくプレスをかけるエリア（主に相手が弱いとき）

③標準的なプレスのエリア

④低い位置でボールを奪いカウンターを狙うときにプレスをかけるエリア（主に相手が強いとき）

⑤相手をマンマークしなければいけないエリア

## 特別付録1　オランダ版バイタルエリア

オランダの戦術書『ゾーン・フットボール』（ヘアマン・フェアメウレン著）から抜粋

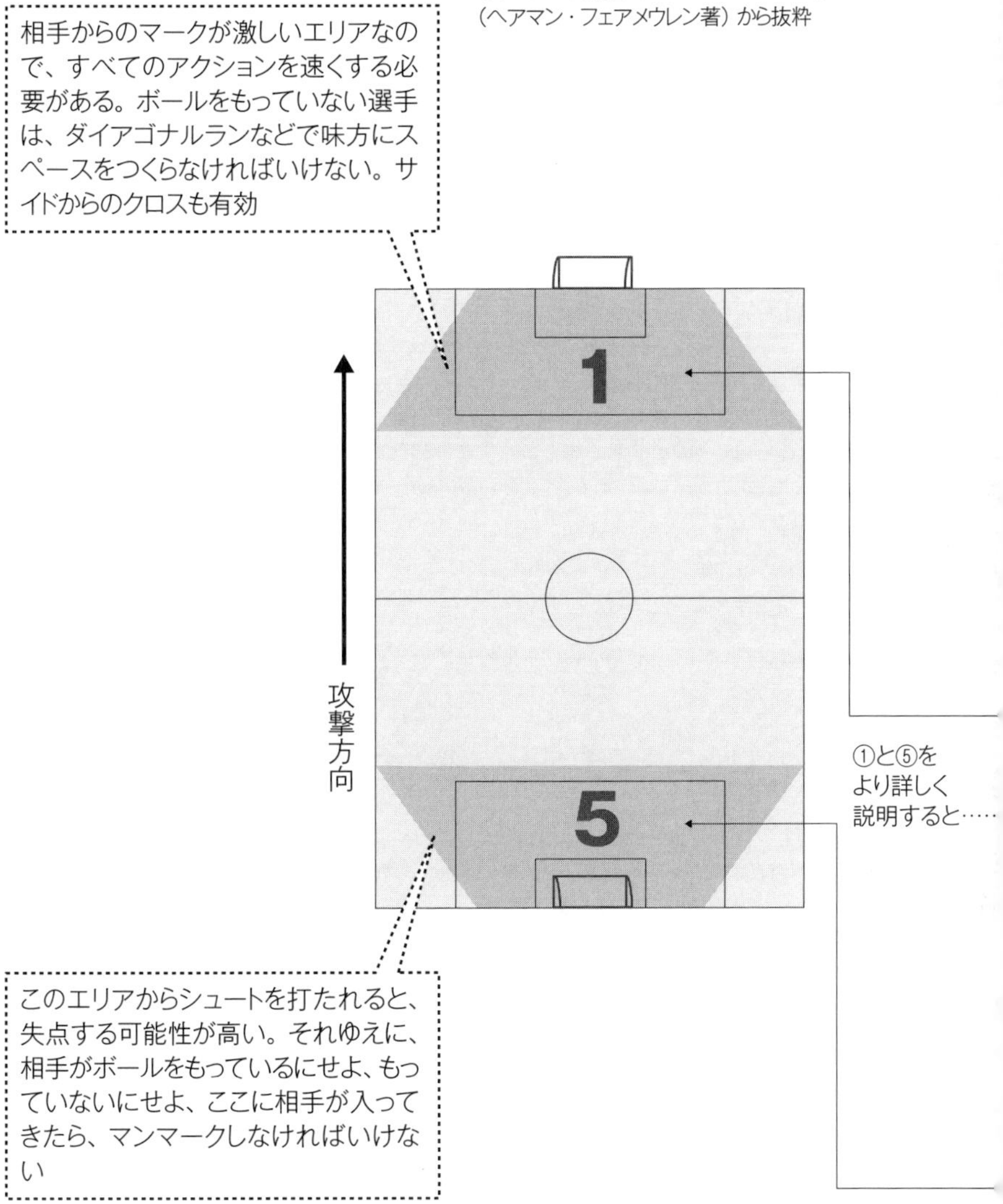

相手からのマークが激しいエリアなので、すべてのアクションを速くする必要がある。ボールをもっていない選手は、ダイアゴナルランなどで味方にスペースをつくらなければいけない。サイドからのクロスも有効
1
攻撃方向
5
①と⑤をより詳しく説明すると……
このエリアからシュートを打たれると、失点する可能性が高い。それゆえに、相手がボールをもっているにせよ、もっていないにせよ、ここに相手が入ってきたら、マンマークしなければいけない

2005年12月、イギリスの大衆紙『デイリー・ミラー』が、モウリーニョ監督が選手に配ったスカウティングレポートを入手することに成功した。

同レポートは11月19日のニューキャッスル戦に向けて、偵察スタッフが提出した資料をもとに、モウリーニョ監督がポイントを取捨選択したもの。普通ならば門外不出の“虎の巻”だが、同紙は独自のルートで内部資料を手に入れたようだ。

ニューキャッスルの長所も短所も、わかりやすく図解されており、当時イギリスでは大きな反響があった。その『デイリー・ミラー』の記事をもとに、モウリーニョが選手に提示したスカウティングレポートを再構成してみよう。

**●弱点1**：DFブームソンの守備力

ニューキャッスルはゾーンディフェンスとマンマークを併用しているが、「個人の判断ミス」と「DFラインの非連動性」のために、守備に一貫性がない。とくにセンターバックのブームソンは判断ミスが多く、ニューキャッスルの守備の弱点だ。彼はストライカーのオトリの動きにつられる傾向がある。また、左サイドバックのババヤロがオーバーラップしても、ブームソンがカバーすることが少ないため、ニューキャッスルの左サイドに穴ができる。

**●弱点2**：DFブームソンのパス

ブームソンは相手からプレスをかけられると、エムレとパーカーにパスをしようとしてミスを犯す可能性が高い。

**●弱点3**：右サイド2人の攻守の切り替えの遅さ

右サイドの2人（ソラーノとカー）は、ボールを失ったときに自分のポジションに素早く戻らない。その穴をパーカーがカバーしようとするが、1人で埋めるには広すぎる範囲だ。チェルシーにとっては、攻守の切り替えで狙うべきエリアになる。

**●長所1**：2トップの連動性

2人のFW、オーウェンとシアラーは常に連動して動く。オトリの動きや交差する動きを混ぜながら、スピードに強弱をつけてアグレッシブに動く。とくにシアラーが中盤に下がり、ロングパスをヘディングで後ろにそらして、ゴール前にオーウェンが走り込むのが得意パターンだ。また、クロスからの攻撃は非常に危険なため、極力阻止することが大切だ。もしクロスが上がってしまったら、多くの場合、彼らは交差して動くことを覚えておこう。オーウェンはファーポストに行くふりをしてニアポストに走り、シアラーは体格とパワーを活かして中央に飛び込む。

**●長所2**：エンゾクビアはスピードがあり、注意すべき存在だ

＊チェルシーは見事にニューキャッスルに3−0で勝利した。同紙は「なぜモウリーニョのチームが勝てるか、それはスカウティングレポートを見ればわかる」と絶賛した。

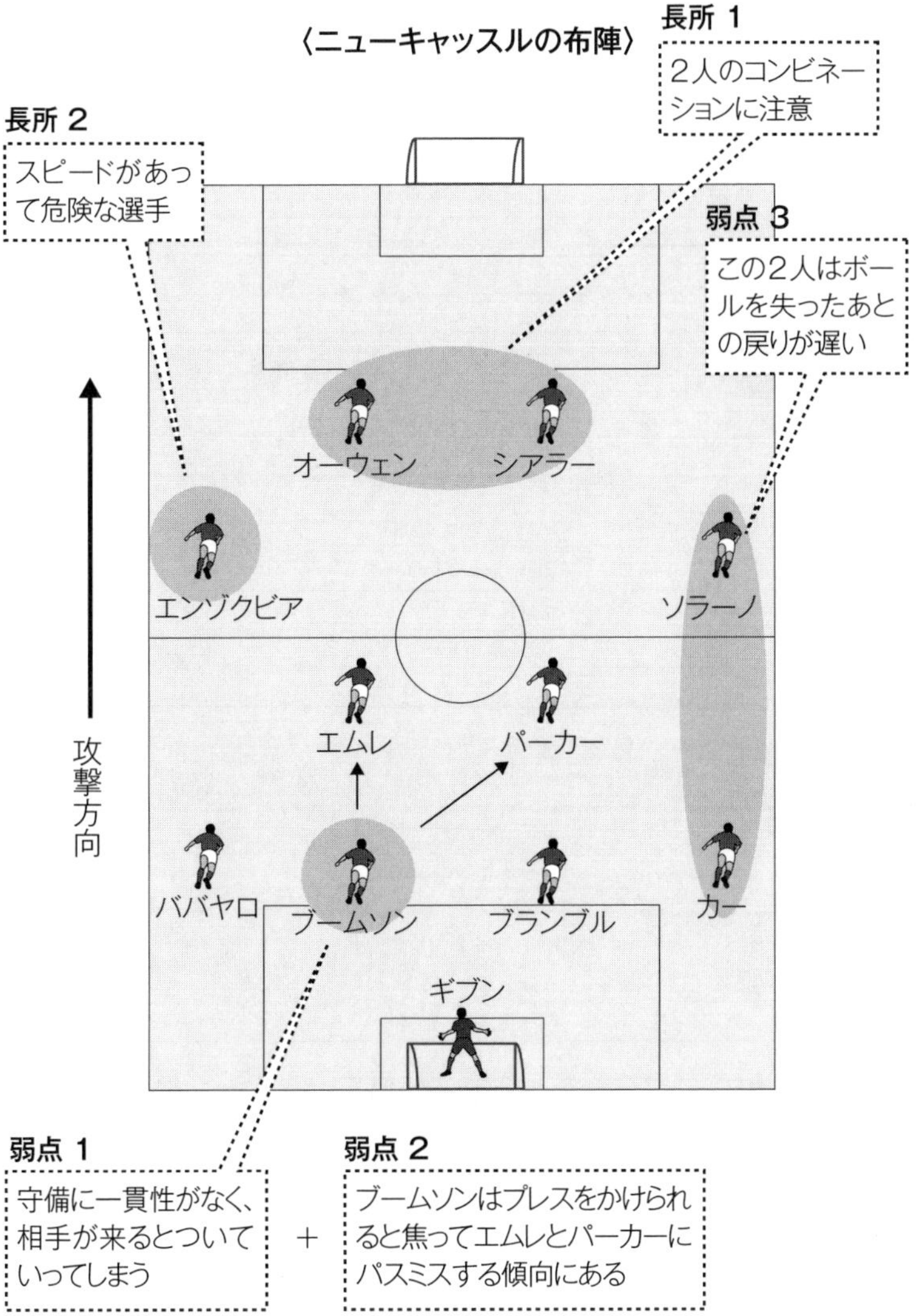
〈ニューキャッスルの布陣〉
長所 1
2人のコンビネーションに注意
長所 2
スピードがあって危険な選手
弱点 3
この2人はボールを失ったあとの戻りが遅い
オーウェン
シアラー
エンゾクビア
ソラーノ
エムレ
パーカー
攻撃方向
ババヤロ
ブームソン
ブランブル
カー
ギブン
弱点 1
守備に一貫性がなく、相手が来るとついていってしまう
＋
弱点 2
ブームソンはプレスをかけられると焦ってエムレとパーカーにパスミスする傾向にある

| MF編 | 国籍 | 所属クラブ | 動いている選手の足元へパス | トラップからパスまでの動作 | ニアゾーンの利用 | ボール奪取能力 |
|---|---|---|---|---|---|---|
| 中村 俊輔 | 日本 | 横浜F・マリノス | ◎ | ○ | △ | × |
| 本田 圭佑 | 日本 | CSKAモスクワ（ロシア） | ○ | ◎ | ○ | × |
| 長谷部 誠 | 日本 | ヴォルフスブルク（ドイツ） | ○ | ○ | ○ | ○ |
| 稲本 潤一 | 日本 | 川崎フロンターレ | ○ | ○ | △ | ◎ |
| シャビ | スペイン | バルセロナ（スペイン） | ◎ | ◎ | ◎ | ○ |
| メッシ | アルゼンチン | バルセロナ（スペイン） | ○ | ◎ | ◎ | △ |
| カカ | ブラジル | レアル・マドリード（スペイン） | ○ | ◎ | ◎ | △ |
| デコ | ポルトガル | チェルシー（イングランド） | ○ | ◎ | ○ | ◎ |

| FW編 | 国籍 | 所属クラブ | スピード | 高さ | 背中をとる動き | 反転してシュート |
|---|---|---|---|---|---|---|
| 岡崎 慎司 | 日本 | 清水エスパルス | ○ | △ | ○ | △ |
| 平山 相太 | 日本 | FC東京 | △ | ◎ | △ | ○ |
| 森本 貴幸 | 日本 | カルチョ・カターニァ（イタリア） | ○ | ○ | ○ | ○ |
| 大久保 嘉人 | 日本 | ヴィッセル神戸 | ○ | △ | ◎ | △ |
| イブラヒモビッチ | スウェーデン | バルセロナ（スペイン） | ○ | ◎ | ○ | ◎ |
| エトー | カメルーン | インテル（イタリア） | ◎ | △ | ○ | ○ |
| インザーギ | イタリア | ACミラン（イタリア） | ○ | △ | ◎ | △ |
| ファン・ニステルローイ | オランダ | ハンブルガーSV（ドイツ） | △ | ○ | ◎ | ◎ |

| センターバック編 | 国籍 | 所属クラブ | スピード | DFラインの動き | 人に強い | スペースに強い |
|---|---|---|---|---|---|---|
| 田中 マルクス闘莉王 | 日本 | 名古屋グランパス | △ | △ | ○ | △ |
| 中澤 佑二 | 日本 | 横浜F・マリノス | △ | △ | ○ | △ |
| 宮本 恒靖 | 日本 | ヴィッセル神戸 | △ | ◎ | △ | ○ |
| ファーディナンド | イングランド | マンチェスターU（イングランド） | ○ | ○ | ◎ | ◎ |
| ルシオ | ブラジル | インテル（イタリア） | ◎ | ○ | ◎ | ○ |
| デミチェリス | アルゼンチン | バイエルン（ドイツ） | ○ | ◎ | ○ | ◎ |

| サイドバック編 | 国籍 | 所属クラブ | スピード | 守備力 | ロングパス | 切れ込んでシュート |
|---|---|---|---|---|---|---|
| 長友 佑都 | 日本 | FC東京 | ○ | △ | × | ○ |
| 内田 篤人 | 日本 | 鹿島アントラーズ | ◎ | × | ○ | ◎ |
| 駒野 友一 | 日本 | ジュビロ磐田 | ○ | ○ | △ | △ |
| ラーム | ドイツ | バイエルン（ドイツ） | ◎ | ○ | △ | ◎ |
| セルヒオ・ラモス | スペイン | レアル・マドリード（スペイン） | ○ | ◎ | ○ | ○ |
| マイコン | ブラジル | インテル（イタリア） | ◎ | ○ | ○ | ◎ |

（2010年4月時点）

## 特別付録3　本書の「見方」であの選手・チームを採点！

| チーム編 | アクション | ゴール前に飛び込む人数 | コンパクト | 中央を空けない | ボールの後ろに戻る | 守備は狭く | 1人2秒以内のプレー | ボールを使った休憩 | 縦パス | 相手を下がらせながらの攻撃 |
|---|---|---|---|---|---|---|---|---|---|---|
| 日本 | △ | × | ○ | × | ○ | △ | △ | × | × | × |
| ブラジル | ○ | ○ | △ | ○ | △ | △ | ○ | ◎ | ◎ | ◎ |
| スペイン | ◎ | ○ | ○ | △ | ○ | △ | ◎ | ◎ | ◎ | ◎ |
| イタリア | △ | △ | ◎ | ◎ | ○ | ◎ | ○ | ○ | △ | ○ |
| イングランド | ○ | ◎ | ◎ | ◎ | ○ | ◎ | ◎ | △ | △ | △ |
| ドイツ | ○ | ○ | ◎ | ◎ | ◎ | ◎ | ○ | △ | △ | △ |
| オランダ | ○ | △ | ○ | △ | △ | △ | ◎ | ○ | ◎ | ◎ |
| デンマーク | △ | △ | ○ | ○ | ○ | ○ | ○ | △ | △ | △ |
| カメルーン | ○ | △ | △ | △ | △ | △ | △ | △ | △ | ◎ |
| 韓国 | ○ | △ | ○ | △ | ○ | ○ | △ | × | × | △ |
| オーストラリア | △ | △ | ○ | ○ | △ | ○ | △ | × | △ | △ |
| バルセロナ（スペイン） | ◎ | ○ | ○ | △ | ○ | △ | ◎ | ◎ | ◎ | ◎ |
| レアル・マドリード（スペイン） | ○ | ○ | △ | ○ | △ | △ | ○ | ◎ | ◎ | ◎ |
| マンチェスターU（イングランド） | ○ | ◎ | ○ | ○ | ◎ | ○ | ◎ | △ | ○ | ◎ |
| アーセナル（イングランド） | ◎ | ○ | ◎ | △ | ○ | ○ | ○ | ◎ | ◎ | ◎ |
| インテル（イタリア） | ○ | ○ | ◎ | ◎ | ◎ | ◎ | ○ | ○ | ○ | ○ |
| ACミラン（イタリア） | ○ | ○ | ○ | ◎ | ○ | ○ | ○ | ○ | ◎ | ◎ |
| バイエルン・ミュンヘン（ドイツ） | ○ | ◎ | ○ | ○ | ○ | ○ | ○ | ○ | ○ | ◎ |

## 著者紹介

1975年生まれ，東京都出身．中央大学大学院理工学研究科物理学専攻修士課程修了．金子達仁主宰のスポーツライター塾を経て，2002年日韓W杯後にスポーツ紙の通信員としてオランダへ移住．2003年から拠点をドイツに移し，日本代表FWの高原直泰の担当としてブンデスリーガを取材．2006年ドイツW杯では，現地在住のスポーツライターとして記事を配信した．2009年2月に本帰国し，現在は『Number』『週刊東洋経済』『日経産業新聞』などに寄稿している．
著書に『2010年南アフリカW杯が危ない！』（角川SSC新書），共著に『勝利へ』（光文社文庫）がある．

サッカーの見方は１日で変えられる

2010年５月12日　第１刷発行
2010年７月２日　第６刷発行

著　者　木崎《きざき》伸也《しんや》
発行者　柴生田晴四
発行所　〒103-8345 東京都中央区日本橋本石町１-２-１　東洋経済新報社
電話　東洋経済コールセンター03(5605)7021　振替00130-5-6518
印刷・製本　東洋経済印刷


Printed in Japan　ISBN 978-4-492-04375-2　http://www.toyokeizai.net/